Gerhard H. Waldherr

RÖMISCHES REGENSBURG

Ein historischer Stadtführer

Verlag Friedrich Pustet
Regensburg

Umschlagmotive: *Hauptmotiv:* Porta Praetoria (altro foto); *kleine Motive* (v. l. n. r.): Fibel (s. S. 49), Topf (s. S. 46), Schädel (s. S. 42), Grabstein (s. S. 39), Rekonstruktion Porta Praetoria (ArchimediX)
Umschlagmotiv hinten: Regensburger Altstadt mit Einzeichnung der Umrisse des Legonslagers (FotoDesign Herbert Stolz)

Bibliografische Information der Deutschen Nationalbibliothek
Die Deutsche Nationalbibliothek verzeichnet diese Publikation in der Deutschen Nationalbibliografie; detaillierte bibliografische Angaben sind im Internet über http://dnb.d-nb.de abrufbar.

Vollständig überarbeitete Neuausgabe des Bandes Gerhard H. Waldherr, „Auf den Spuren der Römer" (ISBN 978-3-7917-1748-0)

ISBN 978-3-7917-2738-7
© 2015 by Verlag Friedrich Pustet Regensburg
Umschlag-/Innengestaltung: Heike Jörss, Regensburg
Druck und Bindung: Friedrich Pustet, Regensburg
Printed in Germany 2015

Weitere Publikationen aus unserem Programm finden Sie auf www.verlag-pustet.de
Kontakt und Bestellungen unter verlag@pustet.de

INHALT

AUF DEN SPUREN DER RÖMER ...

Regensburg, die einzige erhaltene mittelalterliche Großstadt in Deutschland, gründet ihre Geschichte auf die Zeit der Römer. Wie Dokumente in einem Archiv, so liegen die archäologischen Hinterlassenschaften der Römerzeit im Regensburger Boden. Fast jeder bauliche Eingriff in den Untergrund bringt Relikte der Vergangenheit zu Tage – heute genauso wie vor Hunderten von Jahren. Dementsprechend lange reicht auch die Beschäftigung der Regensburger mit „ihren" Römern zurück. Bereits im 8. Jh. wurden vom Freisinger Bischof Arbeo in seinem Städtelob die römischen Überreste angesprochen. Er begründete damit die herausgehobene Stellung Regensburgs. In der Blüte und der Spätzeit des Mittelalters waren die reichen und selbstbewussten Bürger überzeugt davon, dass Regensburg vom römischen Kaiser Tiberius (14–37 n. Chr.) gegründet worden sei, dem Kaiser, unter dessen Regierung Jesus, der Sohn Gottes, lebte und starb. Der bairische Humanist Johannes Aventinus schließlich sammelte im 16. Jh. erstmals römische Inschriften aus Regensburg und Umgebung. Aus ihren Texten leitete er ab, Regensburg sei die „metropolis, darauß al ander stet in disem land geporn und geschloffen sein". Im Besonderen die römische Vergangenheit war somit die Basis für die Vorrangstellung der Stadt innerhalb Baierns und den Stolz der Bürger über Jahrhunderte.

Die wissenschaftliche Auseinandersetzung mit dem römischen Erbe begann dann im 18. Jh. Der Regensburger Stadtsyndicus und Archivar Georg Gottlieb Plato-Wild (1710–77) zeichnete um 1770 den ersten Plan des Legionslagers. Wenige Jahrzehnte später setzten erstmals systematische Grabungen ein, und mit der Expansion der Stadt über ihre mittelalterlichen Grenzen hinaus machte man ab Mitte des 19. Jhs. eine ganze Reihe spektakulärer Entdeckungen. So legte der Pfarrer und begeisterte Römerforscher Joseph Dahlem in den Jahren 1870–74 beim Bau der Eisenbahnanlagen das so genannte Große römische Gräberfeld im Süden der Altstadt frei. Wenige Jahre später fanden sich

südlich davon, in Kumpfmühl, die frühesten Spuren der Römer; fast gleichzeitig traten in der Altstadt die Reste einer monumentalen Toranlage, der Porta Praetoria, ans Tageslicht.

Damit begann die Epoche der Bodendenkmalpflege, die bis heute eine wichtige Leitlinie in der Stadtentwicklung und im Umgang der Regensburger mit ihrer römischen Geschichte darstellt.

Der vorliegende Führer möchte ein Leitfaden für all diejenigen sein, die die römische Vergangenheit der Stadt kennen lernen wollen. In drei Rundgängen im Altstadtbereich, zwei Ausflügen außerhalb der Altstadt sowie einer kurzen Einführung in die römische Abteilung des Historischen Museums der Stadt werden die heute noch sichtbaren Spuren detailliert beschrieben, mit Plänen und Zeichnungen nachvollziehbar gemacht und in ihren historischen und topografischen Kontext eingebettet. Vieles, was nicht mehr oder auch noch nicht sichtbar ist, von der Forschung jedoch erschlossen wurde, findet sich im ersten Teil des Buches, der die Geschichte des römerzeitlichen Regensburg schildert.

Das Bändchen hilft beim „Spuren-Lesen" vor Ort, Spuren einer Zeit, als der Donaubogen zwar am Rande eines Weltreichs lag, gleichzeitig aber auch den Eingang in eine faszinierende Kultur und Zivilisation markierte, eine Zivilisation, deren Nachwirkungen auch noch nach zwei Jahrtausenden unser Leben prägen.

Ohne die Unterstützung von Fachleuten und Institutionen, die sich in Regensburg mit der römischen Vergangenheit auseinandersetzen, sowie die Aufgeschlossenheit des Verlags hätte dieses Buch keine überarbeitete, aktualisierte Neuauflage erleben können. Mein besonderer Dank gilt Frau Dr. Silvia Codreanu-Windauer, den Herren Dr. Lutz-Michael Dallmeier, Dr. Andreas Boos, Rudolf Röhrl, Peter Ferstl, dem Historischen Museum Regensburg, dem Bayerischen Landesamt für Denkmalpflege/Außenstelle Regensburg, dem Amt für Archiv und Denkmalpflege der Stadt Regensburg sowie dem Verleger Fritz Pustet mit seinem Team, vor allem der Verlagslektorin Frau Christiane Abspacher.

Für Johannes Turmair, genannt Aventinus, ist Regensburg die „metropolis, darauß al ander stet in disem land geporn und geschloffen sein". – Hier sein Grabstein in der Vorhalle von St. Emmeram.

HISTORISCHER ÜBERBLICK

Wie es begann – die Donau wird römische Reichsgrenze

Ende der 7oer-/Anfang der 8oer-Jahre des 1. Jhs. n. Chr. entstand die älteste bisher nachgewiesene römische Befestigung im Regensburger Stadtgebiet. Um die historische Entwicklung, die zu dieser Anlage führte, zu verstehen und das römische Regensburg in seinen geschichtlichen Zusammenhang einordnen zu können, müssen wir jedoch bis in die Zeit des Kaisers Augustus (31 v. Chr.–14 n. Chr.) zurückblicken. Nachdem Augustus nach der Schlacht bei Actium (31 v. Chr.) seine innenpolitischen Gegner ausgeschaltet hatte und die gesamten politischen Verhältnisse neu zu ordnen begann, bekam Rom wieder freie Hand für die Gestaltung einer offensiveren Außenpolitik. Angesichts des erdrückenden römischen Machtpotenzials hatten die inneralpinen Stämme der Raeter nur geringe Chancen, einem Ausgreifen der Römer nach Norden Widerstand zu leisten.

Wie es begann – die Donau wird römische Reichsgrenze

Bei La Turbie an der Côte d'Azur hoch über Monaco erheben sich heute noch die Überreste eines ursprünglich 50 m hohen Siegesdenkmals. Dieses *Tropaeum Alpium*, in den Jahren 7/6 v. Chr. errichtet, erinnerte an die kriegerische Unternehmung, bei der die Römer „die Alpen von der Gegend nahe der Adria bis zum Tyrrhenischen Meer" (Augustus, res gestae 26) unter ihre Herrschaft gebracht hatten.

Im Jahre 15 v. Chr. schlossen die beiden Stiefsöhne des Augustus, die Generäle Drusus und Tiberius, diese Militäraktion mit einem Sieg über die Raeter und Vindeliker erfolgreich ab.

Die Einverleibung der Alpen und des unmittelbaren Vorlandes auf der Nordseite des Gebirges in das Römische Reich sollte einerseits Oberitalien vor den räuberischen Einfällen der Alpenstämme schützen, andererseits erleichterte ein Verkehrsweg am nördlichen Alpenfuß die Verbindung wichtiger Reichsteile jenseits des Rheins (Gallien) und an der mittleren Donau (Noricum, Pannonien) erheblich. Die lange Zeit vertretene These, die Eroberungen seien vorrangig als Aufmarschbasis für eine von Augustus geplante, große Offensive gegen „Germanien" östlich des Rheins gedacht gewesen, ist heute in der Forschung sehr umstritten.

Links: Modell der Legionslagerbaustelle (Hist. Mus.); rechts: Tropaeum Alpium bei La Turbie oberhalb von Monaco

Dem Imperator Caesar, dem Sohn des Göttlichen (Caesar) Augustus, der höchster Priester sowie vierzehnmal siegreicher Feldherr war und siebzehnmal die Tribunengewalt besaß, (widmen) der Senat und das römische Volk (dieses Ehrenmal), weil unter seiner Führung und seinen Auspizien alle Alpenvölker, die sich vom Oberen bis an das Untere Meer erstreckten, unter die Herrschaft des römischen Volkes gebracht worden sind. Die besiegten Alpenstämme (sind): Trumpliner, Kamunner, Venosten, Vennoneten, Isarker, Breuner, Genaunen, Fokunaten, vier Stämme der Vindeliker, Kosuaneten, Runikaten, Likaten, Katenaten, Ambisonten, Rugusker ...

Inschrift auf dem Tropaeum Alpium nach Plinius, Nat. 3, 136f.

Welche Gründe für das Ausgreifen der Römer über die Alpen auch immer ausschlaggebend waren, zunächst jedenfalls schienen eine punktuelle militärische Präsenz an der wichtigen Fernverbindung vom Bodensee Richtung Salzburg und ein großer Waffenplatz in Augsburg ausreichend zu sein.

Die nächste Phase der Landnahme brachte ein Vordringen der Römer bis zur Donau und die Sicherung der Flussgrenze durch den Ausbau einer Kastellreihe. Es könnte sein, dass bereits gegen Ende der Regierung des Tiberius, etwa 35–37 n. Chr., auch in der verkehrsgeografisch so markanten Regensburger Bucht ein Militärposten angelegt wurde — allerdings blieb er bisher unentdeckt.

Das neu eroberte Gebiet sollte nun auch verwaltungsmäßig organisiert werden. Daher erfolgte wahrscheinlich noch in der ersten Hälfte des 1. Jhs. n. Chr. die Einrichtung der Provinz Raetien, die einem kaiserlichen *procurator* aus dem Ritterstand, der zweithöchsten Gesellschaftsschicht im römischen Imperium, unterstellt wurde.

> **Die Etrusker fassten ... unter der Führung des Raetus Fuß in den Alpen und gründeten nach dem Namen ihres Anführers den Stamm der Raeter.**
>
> POMPEIUS TROGUS, WELTGESCHICHTE 20,5,9

Erster Vorort der Provinz dürfte *Cambodunum* (= Kempten) gewesen sein. Am Ende des 1. Jhs. n. Chr. wechselte dann der Sitz der gesamten Verwaltung, darunter auch der Statthalter, nach *Augusta Vindelicum* (= Augsburg). Der Name der neuen Verwaltungseinheit *Raetia* leitete sich von dem Volksnamen *Raeti* ab, unter dem die Römer mehrere Stämme in den Alpen zusammenfassten.

Zu der ca. 80 000 km² umfassenden Provinz Raetien gehörten die Südostschweiz, Vorarlberg, Tirol, große Bereiche der Zentralalpen und das Alpenvorland zwischen Bodensee, Donau und dem Inn, der Raetien von der Nachbarprovinz Noricum trennte. Im Norden sicherte eine Kette von Militäranlagen die Donaugrenze. Doch die Donaulinie sollte nicht die weiteste, sprich nördlichste Ausdehnung der Provinz markieren.

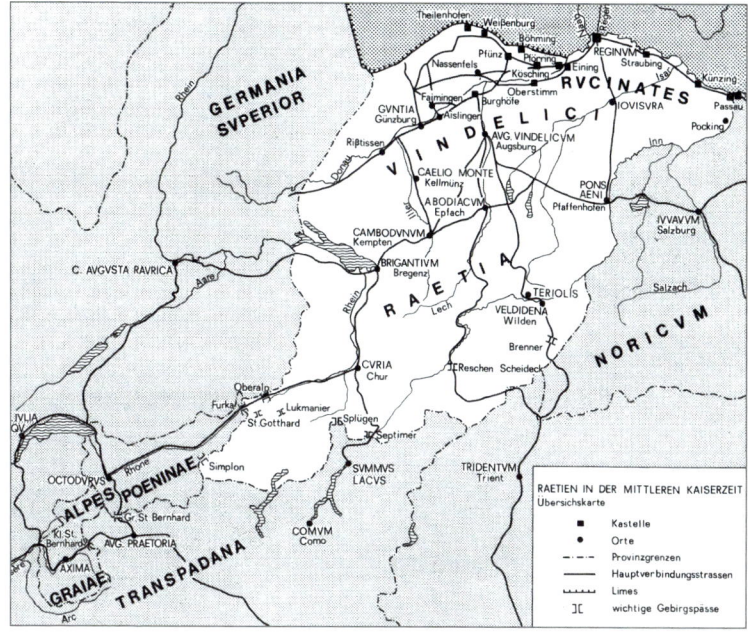

Die Provinz Raetien um 200 n. Chr.

Der Obergermanisch-Raetische Limes

Die Grenzflüsse Rhein und Donau ent-
wickelten sich im Laufe der Zeit immer
mehr zu wichtigen Verbindungswegen
zwischen Ost und West. Allerdings
war der Weg über das Rheinknie bei
Augst (Schweiz) umständlich und zeit-
raubend. Zur Verkürzung der Verbindung ließ Kaiser Vespasian (69–79 n.

**Bald zog man den Limes
und schob Kastelle vor, so
dass das Land als Vorsprung
des Reichs und Teil der Provinz betrachtet wird.**

TACITUS, GERMANIA 29

Chr.) eine Straße durch den Schwarzwald zur oberen Donau bau-
en. Sein Sohn Domitian (81–96 n. Chr.) setzte die Politik der Ver-
einfachung des Grenzverlaufes fort. Er eroberte die fruchtbare
Wetterau im südlichen Hessen und legte einen mit Wachtürmen
und Kastellen gesicherten Postenweg durch den Odenwald bis
zum Neckar an.

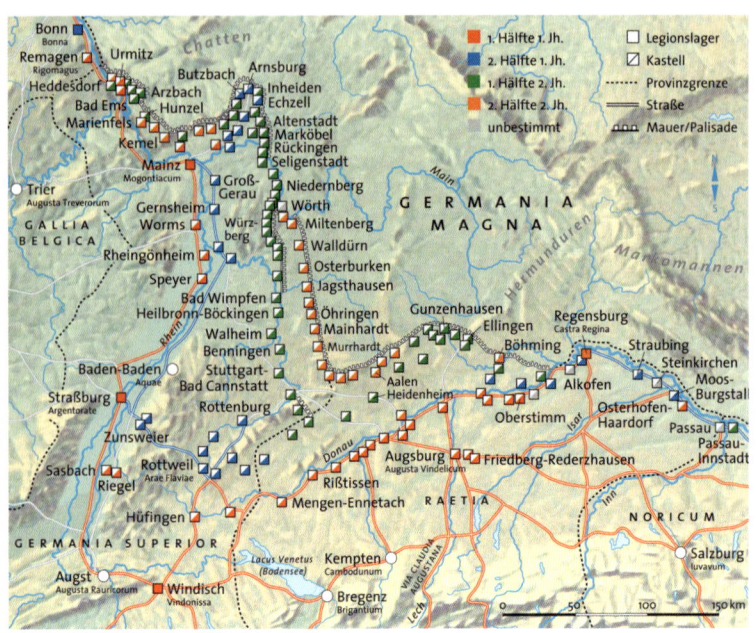

Der Obergermanisch-Raetische Limes mit seinen verschiedenen Ausbaustufen

Damit war der *limes* erfunden, eine künstliche Grenze, dort wo natürliche Grenzen, wie z. B. Flüsse, fehlten. Das lateinische Wort *limes* stammt ursprünglich aus der Sprache der Flurvermessung und bezeichnete in diesem Zusammenhang einen Grenzweg zwischen zwei Fluren. Im Laufe der Zeit nahm das Wort die militärstrategische Bedeutung „Grenze" an. Heute verstehen wir unter Limes nicht nur die befestigte römische Grenzlinie, sondern das gesamte Kontroll- und Verteidigungssystem. Es besteht aus Sperranlagen (Palisade/Mauer, Gräben), Wachtürmen, Limestoren sowie der grenzbegleitenden Straße. Außerdem gehören auch ein Netz von limesnahen Kleinkastellen sowie Kontrollposten für Spezialkommandos dazu, die polizeiähnliche Aufgaben erfüllten, ebenso die Lager der Hilfstruppen, die jeweils über Straßen mit der Grenzlinie verbunden waren.

Bis gegen Ende des 1. Jhs. markierten aus Holz ausgeführte Wehrbauten den Vormarsch der römischen Truppen jenseits von Rhein und Donau.

In erster Linie sicherten diese Anlagen eine Art Grenzsaum, in dem man die Bewegungen des Gegners beobachten und notfalls Abwehrmaßnahmen ergreifen konnte. An eine feste, starre Grenz- oder Abwehrlinie dachten die Römer noch nicht. Im Laufe der Zeit setzte allerdings ein Wandel im Grenzverständnis der

Römer ein, und aus dem bewachten Saum wurde eine defensiv ausgerichtete Stellungslinie. In der Provinz Raetien führte die Grenzbahn über den Jura und erreichte unter Einbeziehung der guten Ackerböden des Nördlinger Rieses dann bei Eining den „nassen Limes", die Donau.

Die kleineren Militärposten zwischen Oberstimm bei Ingolstadt und Linz wurden in der zweiten Hälfte des 1. Jhs. durch die Errichtung mehrerer Kastelle ersetzt. In den Jahren 79/81 legte man Kösching/*Germanicum* und Eining/*Abusina* an; weitere Lager bei Regensburg, Straubing und Moos kamen dazu. Allerdings waren die Römer hier nicht die ersten Siedler.

Die Kelten

Lange bevor die Römer die historische Bühne Süddeutschlands betraten, hatte sich dort eine Zivilisation ausgebreitet, die von der Iberischen Halbinsel über Britannien, Gallien und den Donauraum bis nach Südosteuropa reichte: die Kelten.

Sie sind die erste Bevölkerungsgruppe nördlich der Alpen, deren Name uns schriftlich überliefert ist. Bereits um 500 v. Chr. wird sie bei dem griechischen Autor Hekataios von Milet erwähnt. Als *keltoi*, *galli* oder *celtae* wurde von den griechischen und lateinischen Autoren der Antike zusammenfassend die in verschiedene Stammesverbände gegliederte Bevölkerung des eisenzeitlichen Mitteleuropas beschrieben. Heute geht die Forschung davon aus, dass die einzelnen Stämme weder im ethnischen noch im politischen Sinne eine gemeinsame, sie verbindende Identität besaßen. Die materiellen Hinterlassenschaften lassen trotzdem Gemeinsamkeiten in Kunst, Handwerk und wohl auch in Sprache und Religion erkennen.

Archäologisch fassbar werden sie zunächst in der nach dem Fundort in Österreich benannten Hallstattkultur, deren zeitlicher Horizont sich vom 9. bis zum 5. Jh. v. Chr. erstreckt und deren Ausgangspunkt wohl das Mittelrheingebiet gewesen sein dürfte. Gewaltige Ringwall-Anlagen, die als Herrensitze gedeutet werden, bilden das auffälligste architektonische Merkmal des damaligen Siedlungswesens. Reichliche Verwendung von Gold- und Edelmetallornamenten, die wir vornehmlich aus fürstlichen Grabkammern kennen, rege, durch Vasenfunde, Münzen und verschiedenartige Luxusobjekte dokumentierte Kontakte mit den mittelmeerischen Völkern (Etruskern, Griechen) sowie der sich zunehmend verbreitende Gebrauch von Eisen und die Salzgewinnungsanlagen sind die bekanntesten äußeren Kennzeichen der Hallstattkultur.

Nach dem am Neuenburger See in der Schweiz gelegenen Fundort La Tène bezeichnen wir die zweite, jüngere Phase der keltisch-eisenzeitlichen Zivilisation als die La-Tène-Zeit (5. Jh. bis Mitte des 1. Jhs. v. Chr.). Besonders bekannt sind die keramischen Erzeugnisse dieser Periode: mit Tier- und Pflanzenornamenten sowie verschlungenen Mustern reich verzierte Schalen, Teller und Vasen.

Während des 3. und 2. Jhs. v. Chr. entstanden Siedlungen mit stadtartigem Charakter, die von Caesar als *oppida* (Einzahl: *oppidum*) bezeichnet wurden – der Begriff hat sich in der Wissenschaft etabliert. Neben Manching, einem der größten urbanen Zentralorte, gibt es im bayerischen Donauraum zahlreiche Höhenbefestigungen, deren markanteste Beispiele die Anlagen am „Stätteberg" bei Unterhausen oder auf dem „Michelsberg" bei Kelheim sind. In der ersten Hälfte des letzten vorchristlichen Jahrhunderts scheint diese *oppida*-Kultur gewaltsam untergegangen zu sein. Über den Grund hierfür ist sich die Forschung bisher nicht einig – es handelte sich jedenfalls um ein Ursachenbündel. Nach dem Verschwinden der *oppida* blieb zumindest das bayerische Voralpenland bis zur Donau allem Anschein nach weitgehend siedlungsarm.

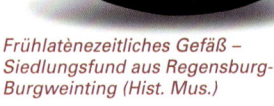

Frühlatènezeitliches Gefäß – Siedlungsfund aus Regensburg-Burgweinting (Hist. Mus.)

Frühlatènezeitliche Fibel – Siedlungsfund aus Regensburg-Burgweinting (Hist. Mus.)

„Regensburg liegt gar schön ..." – Keltisches Radaspona?

Seit Jahrtausenden war die verkehrsgeografisch günstige Lage am nördlichsten Punkt, den die Donau in ihrem Lauf erreicht, erkannt und der Donaubogen von Menschen besiedelt worden.

An der Mündung von Naab und Regen in die Donau kreuzten sich bedeutende vorgeschichtliche Handels- und Verkehrswege – keine künstlichen Trassen, sondern natürlich vorgezeichnete und kontinuierlich begangene Pfade. Vorrömisch ist sicherlich eine südlich der Donau ziehende Ost-West-Verbindung. Von den Römern übernommen, verband sie als *via iuxta amnem Danuvium* (Donauuferstraße) die Donaukastelle miteinander.

Westlich des heutigen Stadtkerns von Regensburg zweigt davon in Höhe von Mariaort ein Donauübergang ab, der — wie zahlreiche Flussfunde belegen — ebenfalls schon vor den Römern benutzt wurde. Eine weitere Donaufurt befand sich im Bereich des heutigen Eisernen Steges. Jenseits des Flusses zog hier eine überregionale Süd-Nord-Verbindung über den so genannten Schelmengraben auf die Hochebene des Fränkischen Jura und weiter nach Mitteldeutschland. Eine für die kulturelle und wohl auch ethnische Entwicklung Nordostbayerns immens wichtige Verbindung führte durch das Regental weiter nach Norden. Über die Bodenwöhrer Bucht und die Cham-Further-Senke durchquerte der Fernweg das ostbayerische Grenzgebirge und mündete in den böhmischen Kessel mit seinem Reichtum an Erzen und fruchtbaren Böden.

Die Regensburger Bucht war somit für Fernbeziehungen nach allen Seiten geöffnet. Das nahe Wasser, die Lössebene des Dungaus (Gäubodens), die sich von Regensburg bis Vilshofen erstreckt, luden zum Siedeln ein. Sesshaftigkeit galt jedoch in allen vorgeschichtlichen Perioden immer nur für einen bestimmten Bezirk – hier den Donaubogen. Innerhalb dieses Bereiches wurden die einzelnen Niederlassungen im Laufe der Generationen immer wieder verlegt.

Gräberfunde und andere archäologische Hinterlassenschaften beweisen die Anwesenheit von Menschen seit der älteren Stein-

> Dieser [der Istros = die Donau] entspringt nämlich im Land der Kelten bei der Stadt Pyrene und fließt mitten durch Europa.
>
> HERODOT 2, 33,3

zeit (ca. 100 000 v. Chr.) im Donaubogen. Die zeitlich schwankende, doch insgesamt sehr hohe Siedlungsdichte wurde unter anderem bei den archäologischen Flächengrabungen deutlich, die anlässlich der Entwicklung eines Neubaugebietes in Regensburg-Burgweinting durchgeführt wurden. In den letzten 30 Jahren nahmen die Archäologen hier mehr als 75 Hektar unter die Lupe. Die Kulturperioden, deren Spuren dabei entdeckt wurden, umfassen eine Zeitspanne von mehr als 4000 Jahren und reichen von der ausgehenden Steinzeit bis ins frühe Mittelalter. Wie bei anderen Siedlungspunkten zeigt sich auch in Burgweinting, dass sich aufgrund der siedlungsgünstigen Lage zwar in der späten La-Tène-Zeit Menschen im Donaubogen niederließen. Das Gesamtbild lässt jedoch für diese Zeit keinen Siedlungsschwerpunkt erkennen. Keinesfalls reicht es dafür aus, eine größere Niederlassung oder gar einen zentralen Ort – vergleichbar mit den eisenzeitlichen *oppida* bei Manching oder auf dem Michelsberg bei Kelheim – anzunehmen, auch wenn der möglicherweise auf eine keltische Wurzel zurückgehende Ortsname Radaspona immer wieder zu derartigen Spekulationen Anlass gibt. Allerdings taucht diese Bezeichnung erst im frühen Mittelalter, also mehrere Jahrhunderte später, in einer Lebensbeschreibung des hl. Emmeram auf.

Von allen bisherigen Versuchen, den Namen Radaspona historisch einzuordnen und zu deuten, vermag keiner eine befriedigende Lösung zu geben. Möglicherweise wurde die Bezeichnung durch keltisch-germanische Bevölkerungsgruppen, die im Laufe der römischen Epoche an den Ort kamen, für eine der Zivilsiedlungen, die sich in der Nachbarschaft der römischen Militäranlagen bildeten, gewählt und mündlich über Jahrhunderte hinweg tradiert. Eventuell handelt es sich aber auch um eine ‚gelehrte' Konstruktion und Fiktion einer keltischen Namenstradition durch den Freisinger Bischof Arbeo, der um 770 jene Lebensbeschreibung des Lokalheiligen Emmeram verfasste. Die Bodenforschung jedenfalls bleibt bisher den Beweis einer Kontinuität aus der vorrömischen Eisenzeit zu den Römern weitgehend schuldig; vielmehr klafft für die mehr als 100 Jahre von der Mitte des letzten vorchrist-

> Cuiusdum sequeret fluentis, ad Radasponam pervenit – indem er ihrem Lauf [gemeint ist die Donau, d. Verf.] folgte, gelangte er nach Radaspona [= Regensburg].
>
> Arbeo Fris. Vita et passio Sancti Haimhrammi Martyris 4

lichen Jahrhunderts bis zur Ankunft der Römer um 80 n. Chr. immer noch eine Lücke in der archäologischen Überlieferung – auch wenn man annimmt, dass manche keltische Wurzeln bis in die Römerzeit hineinreichten.

Die Römer am Donaubogen – Das Kastell Regensburg-Kumpfmühl

Die bereits angesprochene verkehrsgünstige Lage des Platzes gab wohl auch für die römischen Strategen den Ausschlag dafür, hier einen Heeresverband zu stationieren. Ein Hangsporn im heutigen Stadtteil Kumpfmühl bot die Möglichkeit, den gesamten Donaubogen sowie die Mündung der Täler von Naab und Regen einsehen und damit Handels- und Verkehrswege kontrollieren zu können.

Wann die römische Präsenz wirklich einsetzte, wissen wir (noch) nicht. Fassbar wird sie am Ende der Regierungszeit von Kaiser Vespasian (69–79 n. Chr.), eventuell auch erst zu Beginn der Herrschaft seines Sohnes und Nachfolgers Titus (79–81 n. Chr.). Damals errichteten die Römer auf dem Königsberg (unmittelbar nördlich der heutigen Kirche St. Wolfgang) ein ca. 2,1 ha großes Militärlager, in dem zunächst eine 500 Mann starke berittene Kohorte *(cohors quingenaria equitata)* stationiert war.

Im Verlauf der nächsten Jahrzehnte garnisonierten hier verschiedene Einheiten der so genannten Hilfstruppen *(auxilia)*. Die Soldaten stammten aus allen möglichen Provinzen des römischen Reiches, waren allerdings keine römischen Bürger, wie die Angehörigen der Legionen, sondern rechtlich minder gestellte

Ziegelstempel der I. Canathener-Kohorte, Regensburg-Kumpfmühl (Hist. Mus.)

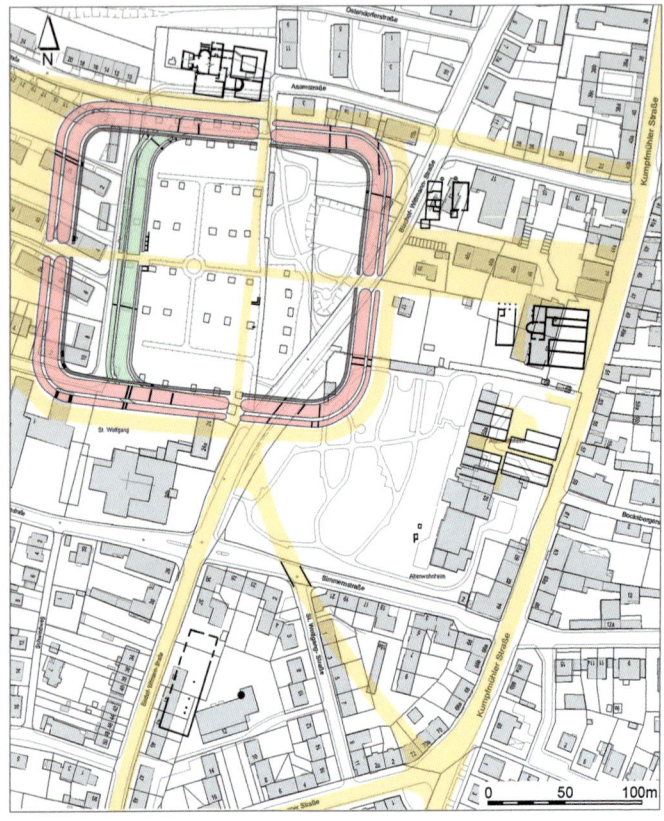

Plan des Kumpfmühler Kastells mit Siedlungsbefunden

peregrini (= Fremde). Nach der Ableistung ihrer Dienstzeit bekamen sie als Belohnung das römische Bürgerrecht verliehen, ein
wegen der damit verbundenen rechtlichen Privilegien begehrtes
Gut.

Das Kastell, von dem heute keine Spuren mehr sichtbar sind,
ist durch mehrere, immer nur sehr kleinflächige Grabungen
nachgewiesen. Es lag direkt an der von Süden, aus Augsburg
kommenden Fernstraße. In einer ersten Phase war die Anlage
mit einer Holz-Erde-Mauer gesichert. Für diese Konstruktion verband man zwei parallel laufende Holzwände mit Querbalken und
füllte diese Verschalung mit gestampfter Erde. Oben verlief ein

Zwei Streifenhäuser der Kumpfmühler Siedlung; Rekonstruktionszeichnung

Wehrgang hinter einer hölzernen Brustwehr mit Zinnen. Wahrscheinlich in der Zeit der Kaiser Trajan (98–117 n. Chr.) oder Hadrian (117–138 n. Chr.) baute man die Kastellumwehrung dann in Stein aus. Die Wehrmauer umfassten nun zwei Spitzgräben. Um 130 n. Chr. wurde das Steinkastell auf 2,8 ha vergrößert, was evtl. mit der Neustationierung einer 1000 Mann starken Bogenschützeneinheit aus Syrien *(cohors I Canathenorum)* zusammenhängen könnte. Von der Innenbebauung kennt man nur die Südostecke des steinernen Stabsgebäudes.

Das Lager, das ein schiefwinkliges Rechteck bildete, war auf ein kleines Lagerdorf ausgerichtet. Dieser *vicus* entstand gleichzeitig mit der Kaserne. Auf einer Fläche von etwa 20 ha ließen sich Händler, Handwerker, Gastwirte und Angehörige der Soldaten sowie im Laufe der Zeit auch Veteranen nieder. Wie die Funde zeigen, lebte hier Ende des 1. und Anfang des 2. Jhs. ein buntes Völkchen aus Zuwanderern vor allem aus Gallien und dem Donauraum. Das Zentrum der Siedlung bildete ein großer Marktplatz vor dem Osttor des Kastells (westlich der heutigen Kumpfmühler Straße, zwischen dem Bürgerheim Kumpfmühl und der Gutenbergstraße). Hauptverkehrsachse war die um das Lager geleitete Fernverbindung von Augsburg zur Donau. Entlang der Straßen gruppierten sich zunächst hölzerne, später in Stein ausgebaute Streifenhäuser. Diese rechteckigen Bauten waren teilweise über 20 m lang und ca. 12 m breit. Meist besaßen sie zur Straße hin eine überdachte Vorhalle *(porticus)*. An der Frontseite betrieb man Verkaufsläden, Garküchen oder Wirtsstuben. Im rückwärtigen Teil eines solchen Hauses befanden sich die Wohnräume, nicht selten auch Werkstätten. Nach hinten schloss sich ein Gemüsegarten mit Brunnen an.

Im Kumpfmühler Lagerdorf konnten zahlreiche Handwerksbetriebe identifiziert werden. So fand man Hinweise auf mehrere Töpfereien, eine Bronzegießerei und eine Ziegelei. Südlich des Marktplatzes kann ein größeres Gebäude mit einer eingebauten Badeanlage als Rasthaus *(mansio)* gedeutet werden. Nördlich des Lagers, direkt am Steilabfall, entdeckte man bereits im 19. Jh. eine Thermenanlage mit großer Halle und Schwimmbecken. Sie diente sicherlich sowohl den Soldaten als auch der Zivilbevölkerung zur Entspannung, Freizeitgestaltung und körperlichen Hygiene.

Die Donausiedlung

Da die Donau nicht nur Grenzfunktion hatte, sondern auch als Transportweg eine wichtige Rolle spielte, ist es keineswegs verwunderlich, dass sich am Fluss, wohl an einer Schiffsanlegestelle (ein regelrechter römischer Hafen ist bisher in Regensburg noch nicht nachgewiesen), etwa gleichzeitig mit den Anlagen in Kumpfmühl eine weitere kleine römische Siedlung bildete. Die zum großen Teil in Holzfachwerk-Bauweise ohne gemauerte Fundamente errichteten, langrechteckigen Häuser gruppierten sich an der Straße, die von der Donau Richtung Süden führte. Beim Bau einer Tiefgarage auf dem Bismarckplatz Ende der 70er-Jahre des 20. Jhs. und weiteren Bodeneingriffen in jüngerer Zeit wurden Teile dieser Siedlung freigelegt und wissenschaftlich erfasst. Leider blieben die archäologischen Überreste nicht *in situ* (am Ort) erhalten, sondern fielen meist, wenn auch nach gründlicher Dokumentation, den Neubaumaßnahmen zum Opfer.

In südlicher Richtung schloss sich an die Donausiedlung ein Begräbnisplatz an. Bei Grabungen im Jahr 2000 entdeckte man südlich davon (Kumpfmühler Straße 3) einen Graben sowie Reste von Steinbauten. Die Interpretation dieser Bauspuren gibt noch Rätsel auf. Die Vermutung, es handle sich dabei um die Reste eines weiteren Militärlagers, das gleichzeitig mit dem Kumpfmühler Kastell bestand, bleibt Spekulation.

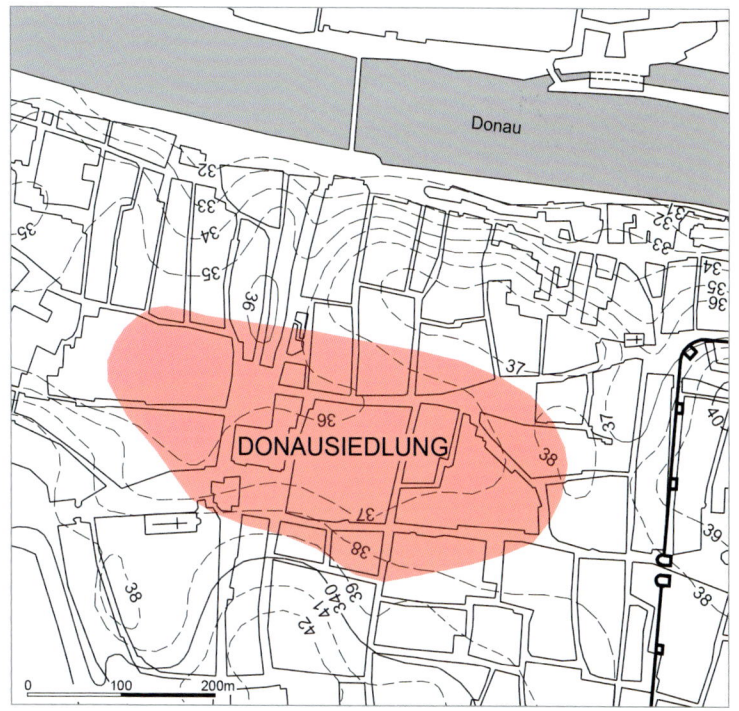

Ausdehnung der Donausiedlung (nach bisherigen Befunden)

Der Markomannensturm –
Die Zerstörung der römischen
Siedlungen

Das relativ ungestörte Leben der römischen Soldaten an der Donaugrenze änderte sich Mitte des 2. Jhs. Im germanischen Gebiet nördlich der Donau herrschte Unruhe.

Ausgelöst durch mehrere Wanderbewegungen ostgermanischer Stämme waren auch die nördlich der Donau wohnenden Völker, darunter Markomannen, Quaden und Sarmaten, unruhig geworden. Sie forderten neue Wohnsitze innerhalb des Römi-

Münzschatz aus Regensburg-Kumpfmühl (Hist. Mus.)

schen Reiches. Als ihnen das untersagt wurde, versuchten sie, gewaltsam Einlass zu erlangen. In Rom unterschätzte man wohl diese Gefahr. Gerade zu dieser Zeit hatte Kaiser Marcus Aureli-us (161–180 n. Chr.) große Teile der Truppen von der Donau abgezogen und als Unterstützung an die römische Ostgrenze beordert, die wieder einmal von den alten Rivalen, den Parthern, bedrängt wurde.

> **Während der Partherkrieg noch im Gange war, entstand der Keim zu einem Markomannenkrieg …**
>
> HISTORIA AUGUSTA,
> V. MARC. AUREL. 12,13

In der Folge wurde die von Truppen weitgehend entblößte Donaugrenze in den 60er-Jahren des 2. Jhs. von germanischen und sarmatischen Stämmen überrannt. Sengend und plündernd drängten sie tief in das römische Reichsgebiet bis Oberitalien. Zwar erfolgte der Hauptsturm der germanischen Scharen an der unteren und mittleren Donau im Bereich der pannonischen Provinzen mit Stoßrichtung Italien, dennoch waren anscheinend mehrere Gruppen der Germanen in Richtung Westen, d. h. nach Noricum und Raetien, abgeschwenkt und vagabundierten durch die Provinz. Den anstürmenden, nach Beute suchenden Stammesgruppen konnten die nur schwach besetzten römischen Kastelle nicht standhalten.

Brand- und Schutthorizonte deuten darauf hin, dass im Regensburger Raum sowohl die Militäranlage als auch die beiden zivilen Ansiedlungen in Schutt und Asche gelegt wurden. Ein Schatzfund, der 1989 bei Bauarbeiten in Kumpfmühl ans Tageslicht kam, ist ein deutlicher Hinweis auf die Gefahren jener Zeit. In einem Bronzekessel versteckte ein Bewohner des Donaubogens neben 25 prägefrischen Gold- und mehr als 600 Silbermünzen auch noch eine Menge Gold- und Silberschmuck. Nachdem die Fundstelle innerhalb des Kumpfmühler Kastells lag, brachte hier eventuell ein römischer Offizier seinen Familienbesitz in Sicherheit. Bereits die Geldmenge entspricht mehreren Jahresgehältern eines einfachen Soldaten. Wie die Datierung der Münzen zeigt, wurde das Ensemble um 166/67 verborgen. Ein paar Jahre danach (171/72) kam es wohl auch zur Zerstörung der römischen Siedlungen und des Militärlagers in Kumpfmühl.

Die Legion kommt nach Regensburg

Einige Zeit später konnten die Markomannen zurückgedrängt werden, und in unserem Raum, der Provinz Raetien, kehrte wieder Ruhe ein. Um die Sicherheit der Nordgrenze des Reiches weiterhin zu garantieren, entschloss sich Kaiser Marcus Aurelius, in Raetien die III. Italische Legion zu stationieren. Diese Einheit war um 165/66 in Oberitalien rekrutiert worden (daher ihr Beiname *Italica*) und während der Markomannenkriege zum Schutz des italischen Kerngebietes im Einsatz gewesen. Seit etwa 170 n. Chr. ist die Truppe im Regensburger Raum nachweisbar. Ihre Aufgabe war wohl von vornherein defensiver Natur.

Eine Legion war taktisch und verwaltungstechnisch eine geschlossene Formation, etwa einer modernen Division entsprechend. Ihre Stärke betrug ca. 5500 bis 6400 Mann – alle im Besitz des römischen Bürgerrechts. Die Großeinheit war untergliedert in zehn Kohorten, von denen wiederum jede aus sechs Zenturien bestand. Eine solche Hundertschaft umfasste trotz ihres Namens nur 80 Angehörige der Kampftruppe; der Rest setzte sich aus Spezialisten – Ärzte, Verwaltungssoldaten, Handwerker, Musiker usw. – zusammen. Obwohl in der Legion hauptsächlich Infanteristen dienten, gab es auch rund 120 Reiter, außerdem noch Artilleristen zur Bedienung der Pfeilschleudern und Wurfmaschinen.

„Mit Toren und Türmen ..." – Der Lagerbau

Bei der Wahl eines geeigneten Garnisonsstandortes waren die römischen Landvermesser von der Lage am Donaubogen sicher genauso beeindruckt wie ihre Kollegen, die rund 100 Jahre früher den Platz für das Kumpfmühler Kastell gewählt hatten.

Hier brauchte man sich nicht lange den Kopf darüber zu zerbrechen, wie die zahlreichen neuen Siedler – Soldaten und Zivilisten – mit Nahrungsmitteln versorgt werden konnten, denn ostwärts öffnete sich die über 80 km weit reichende Stromebene. Ihr Kernstück, der Gäuboden (Dungau) mit seinem sehr fruchtbaren Lössboden und optimalen klimatischen Bedingungen, ist auch heute noch die „Kornkammer Bayerns".

Ein Legionslager am nördlichsten Punkt der Donau – und damit auch an einem sehr exponierten Grenzpunkt des römischen Weltreiches – war eine starke Demonstration römischer Macht. Die repräsentative Bedeutung, die dem Lagerbau zukam, trug eventuell mit dazu bei, dass die neue Befestigung nicht an der Stelle des Kumpfmühler Kastells, sondern in der Flussaue, also direkt an der Reichsgrenze errichtet wurde.

Virtuelle Darstellung des Legionslagers von der Donau aus

Leicht hatten es dabei die Legionäre, die ihr Lager zum großen Teil selbst bauen mussten, sicher nicht. Sie waren gezwungen, das z. T. sumpfige, von kleinen Rinnsalen durchflossene Gelände durch Kiesaufschüttungen trockenzulegen. Erst dann konnte der Bau der Lagermauer beginnen, die mit einer Seitenlänge von 540 x 450 m eine Fläche von 24 ha (= 33 Fußballplätze) umschloss. Der größere Platzbedarf (ca. acht Mal die Fläche des Kumpfmühler Lagers) war sicherlich ein weiterer Grund für die Ortsverlegung in die Ebene. Denkbar ist, dass die am Bau beteiligten Soldaten ein vorübergehendes Lager anlegten, in dem sie während der mehrjährigen Arbeitsphase lebten. Vielleicht sind es ja die Spuren dieses Baulagers, die vor einigen Jahren an der Kumpfmühler Straße entdeckt wurden (s. o.).

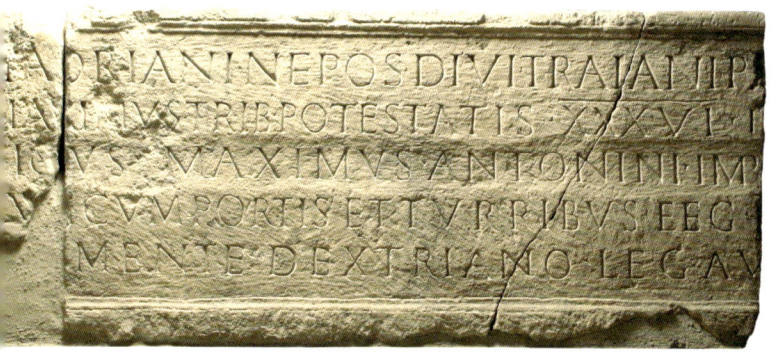

Die „Gründungsurkunde" von Castra Regina (Hist. Mus.)

Der Imperator Caesar, des göttlichen Antoninus Pius Sohn, des göttlichen Verus, des größten Parthersiegers, Bruder, des göttlichen Hadrianus Enkel, des göttlichen Traianus, des Parthersiegers, Urenkel, des göttlichen Nerva Urururenkel Marcus Aurelius Antoninus Augustus, Germanensieger, Sarmatensieger, Oberster Priester, mit Tribunengewalt zum 36. Mal, Feldherr zum neunten Mal, Konsul zum dritten Mal, Vater des Vaterlandes, und der Imperator Caesar Marcus Aurelius Commodus Antoninus Augustus, der Sarmatensieger, der allergrößte Germanensieger, des Imperators Antoninus Sohn, des göttlichen Pius Enkel, des göttlichen Hadrianus Urenkel, des göttlichen Traianus, des Parthersiegers, Ururenkel, des göttlichen Nerva Urururenkel, mit Tribunengewalt zum vierten Mal, Feldherr zum zweiten Mal, Konsul zum zweiten Mal, haben die Umwehrung mit Toren und Türmen für die III. Italische Legion, die Einträchtige, machen lassen unter der Leitung von ... Marcus Helvius Clemens Dextrianus, des kaiserlichen Legaten mit praetorischer Gewalt der nämlichen Legion.

BAUINSCHRIFT DES LEGIONSLAGERS (ÜBERSETZUNG NACH K. DIETZ)

Zur Einweihung des Lagers ließ der Legionskommandeur, der gleichzeitig auch Statthalter der Provinz Raetien war, über der *porta principalis dextra*, dem Osttor, eine Steintafel mit gemeißelter Inschrift anbringen. Die Tafel war ursprünglich ca. 8–10 m lang; zwei Fragmente des Mittelstückes (3,2 m) blieben davon erhalten.

Diese sog. „Gründungsurkunde" von Regensburg gibt uns ein festes Datum für die Einweihung des Lagers, nämlich das Jahr 179 n. Chr. Mindestens sieben Jahre hatten sich bis zu diesem Zeitpunkt die Legionäre bereits geplagt, hatten Steinmetze, Bauarbeiter, Ingenieure etwa 15 000–20 000 m³ exakt behauene Quaderblöcke hergestellt, was bei der großen anfallenden Schuttmenge auf 40 000 m³ bewegtes Steinmaterial schließen lässt.

Neuere geologische Forschungen haben ergeben, dass ein Steinbruch bei Kapfelberg, flussaufwärts zwischen Regensburg und Kelheim auf der nördlichen Donauseite gelegen, als Hauptquelle für die Kalk- und Sandsteinquader diente. Auf dem Fluss brachten die Lastschiffe die grob behauenen Werksteine zu einer Uferlände nahe am Lager. Nach dem mühevollen Entladen richteten sie die Steinmetze auf der Hauptbaustelle fertig zu. Mit Hilfe von Drehkränen, Flaschenzügen und Holzrollen wurden die tonnenschweren Quader bewegt und an ihrer Mauerstelle platziert.

Die fertige Lagermauer, deren Höhe mit Zinnen ca. 6 m erreichte, bot mit vier mächtigen Toranlagen und 18 Mauerzwischentürmen sicher einen imposanten, ja durchaus bedrohlichen Anblick für die Germanen, denen derartige Steinarchitektur völlig fremd war. Auch nach rund 1800 Jahren steht der Betrachter beeindruckt vor den wuchtig aufragenden Kalksteinblöcken, die im Stadtbild noch an etlichen Stellen sichtbar sind.

Regensburg rückte durch diesen Bau zum größten Garnisonsort der Provinz Raetien auf. Benachbarte Militärplätze vergleichbarer Größenordnung waren um diese Zeit *Argentorate* (Strasbourg) und *Lauriacum* (Lorch bei Linz). In nächster Nachbarschaft zu *Castra Regina* lagen die kleineren Kastelle bei Pfatter, *Sorviodurum* (Straubing) und *Abusina* (Eining).

Legio – Regino – Regina Castra: Die römischen Namen Regensburgs

Für die römische Zeit sind uns mehrere Ortsbezeichnungen überliefert, die gleichzeitig, aber auch aufeinander folgend im Gebrauch gewesen sein könnten. Wir kennen *Legio*, *Castra* sowie *Regino* bzw. *Reginum*. Dies braucht uns nicht zu erstaunen, eine noch größere Namensvielfalt wäre bei einer besseren Quellenlage durchaus zu erwarten. Denn schließlich befand sich in der Regensburger Bucht ja nicht nur das befestigte Legionslager, sondern auch eine Zivilsiedlung *(canabae)* mit durchaus stadtartigem Gepräge. Außerdem existierte eine militärische Anlage gegenüber der Naabmündung, ebenfalls von einem kleinen *vicus* umgeben. Vielleicht waren auch die Namen des Kumpfmühler Kastells, des dazugehörigen Lagerdorfes und der zeitgleichen Donausiedlung bis in die Zeit des Legionslagers lebendig geblieben, weitergegeben von bereits Ansässigen an die Neuankömmlinge.

Es hat den Anschein, als fänden wir in *Legio* und *Castra* die offiziellen Bezeichnungen für die militärische Komponente der Ansiedlung am Donaubogen, also das Legionslager. Mit *Reginum* könnte dann dessen zivile Siedlung, die c*anabae*, gemeint gewesen sein. Der Name wurde der vorrömischen (keltischen) Bezeichnung des aus dem Norden kommenden Flusses Regen entlehnt. Seine Mündung an dieser Stelle in die Donau ist damit bis heute namensgebend für die Ansiedlung geworden.

Ziegelstempel der III. Italischen Legion (Hist. Mus.)

Ein römisches Verwaltungshandbuch aus der Zeit um 400 n. Chr. überliefert sodann die heute übliche Bezeichnung *Castra Regina*, offensichtlich eine Kombination aus den Namen der militärischen und der zivilen Siedlungsbestandteile. Vielleicht entstand sie, als in der Spätantike die Bewohner der zivilen Lagervorstadt ihre Wohnungen in das Innere der Kasernenanlage verlegten, Militär und Zivilisten also enger zusammenrückten. Somit beherrschte gegenüber der Regenmündung eine mauerbewehrte Siedlung mit einer militärischen Besatzung das Umland. *Castra Regina* bedeutet übersetzt nichts anderes als der heutige Name der Stadt, Regensburg, nämlich befestigte Anlage an der Regenmündung.

Welche Rolle das keltisch klingende *Radaspona*, von dem oben bereits die Rede war, in der antiken Namensvielfalt spielte, ob es wirklich eine Übernahme noch aus vorrömischer Zeit war, die die Jahrhunderte auf welche Weise auch immer überdauerte – dies bleibt Spekulation und Diskussionsstoff für die Wissenschaftler.

Das Legionslager

Die innere Struktur des Lagers kennen wir kaum, da die römische Großkaserne durch die mittelalterliche Stadt Regensburg überlagert wurde, deren weitgehend erhaltene Bausubstanz bis heute den zentralen Altstadtbereich bildet. Römische Militäranlagen wiesen jedoch von Britannien bis Syrien ein gewisses Maß an Regelhaftigkeit auf. Bringen wir dieses Schema in Zusammenhang mit den bisher im Regensburger Altstadtbereich gemachten archäologischen Funden aus der Römerzeit, so können wir ein ungefähres Bild vom Inneren des Legionslagers in unserer Vorstellung entstehen lassen, ein Modell, das durch neue Befunde jederzeit korrigiert werden kann.

Werfen wir also einen – wohlgemerkt zum großen Teil hypothetischen – Blick in das **Lagerinnere**.

Gegliedert wurde es u. a. durch die in Ost-West-Richtung ausgerichtete *via principalis* und die in Nord-Süd-Richtung auf die Lagermitte zulaufende *via praetoria*. Auf der Rückseite des dort befindlichen Verwaltungskomplexes setzte sich die Hauptstraße als *via decumana* bis zum Südtor, der *porta decumana*, fort. Diese drei Straßen bildeten gleichsam das Achsenkreuz des Lagers. An ihnen lagen üblicherweise die Sonderunterkünfte für Handwerker, Verwaltungssoldaten und höhere Offiziere, hier befanden sich unter anderem das Lazarett und evtl. die Badeanlage. Rechtwinklig abzweigende schmale Lagergassen führten zu den Wohnquartieren der einfachen Soldaten. Da im Lager ca. 6000 Mann untergebracht werden mussten, nahmen diese Kasernenanlagen den meisten Platz ein.

Im südlichen Drittel des Lagerbereichs könnten sich die Stallungen für die mehr als 200 Pferde der Kavallerieeinheit, die zur Legion gehörte, befunden haben.

Im **Zentrum des Lagers**, wahrscheinlich im Bereich Weißbräuhausgasse / Weiße-Lilien-Straße, lag das Hauptquartier, die *principia (s. S. 85)*. Durch einen aus wuchtigen Quadern bestehenden Eingang betrat man einen repräsentativen Gebäudekomplex, der einen weiten Innenhof umschloss. Die Baulichkeiten beherbergten Büros, Waffendepots, Repräsentationsräume und vor allem auch das Fahnenheiligtum. Hier wurden die Stangenfeldzeichen *(signa)* und der Legionsadler *(aquila)* aufbewahrt. Auch das Bildnis des Kaisers, dem göttliche Verehrung erwiesen werden musste, hatte seinen Platz. Im Keller unter dem Heilig-

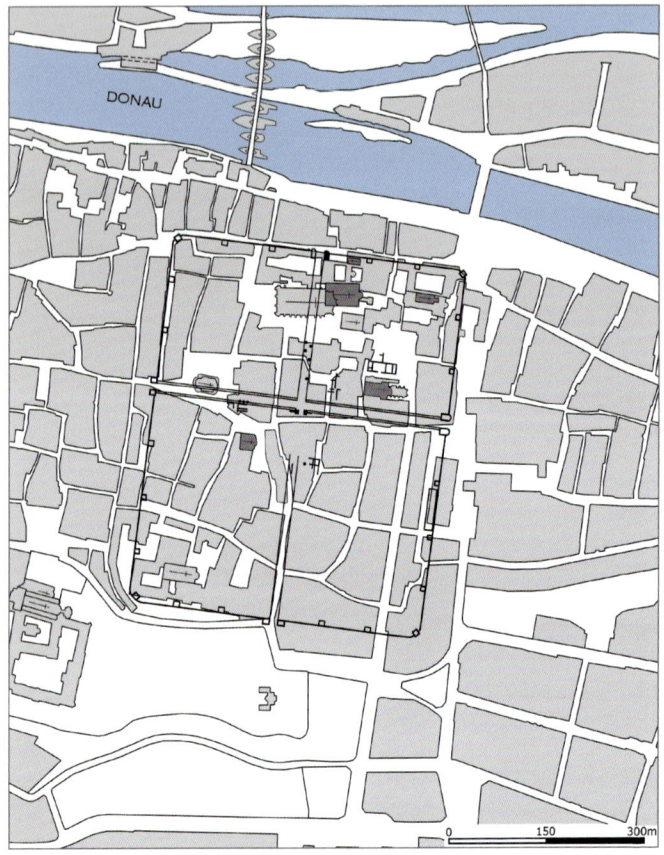

Plan des Legionslagers im Bereich der Regensburger Altstadt

tum lagerte die Legionskasse. Auf den Altären im Innenhof wurden neben zahlreichen anderen Göttern, die die Soldaten verehrten, auch der *disciplina militaris*, der Göttin der militärischen Zucht und Ordnung, Opfer dargebracht. Die palastartigen *principia* bildeten sowohl den verwaltungstechnischen als auch den kultischen Mittelpunkt des Lagers.

Ähnlich prächtig muss man sich wohl auch das *praetorium*, eigentlich das Wohnhaus des Kommandanten der Legion, vorstellen. In *Castra Regina* lebte hier der Lagerpräfekt. Der Truppenkommandeur residierte in seiner Eigenschaft als Statthalter der Provinz in der Hauptstadt Augsburg. Ab und zu kam er persönlich zur Inspektion nach Regensburg. Meist jedoch überbrachte ein berittener Bote die Befehle, denn die Reise von Augsburg nach Regensburg war trotz des relativ gut ausgebauten Straßennetzes eine Strapaze.

Ging man die *via principalis* entlang nach Osten, so passierte man die mit roten Ziegelplatten aus der legionseigenen Ziegelei eingedeckten Lagerbaracken und Übungshallen. Dazwischen standen immer wieder Götterbilder, Weihealtäre und kleine tempelartige Kultanlagen.

Nicht nur bei Kämpfen, sondern auch für die täglichen Dienstverrichtungen versuchte man, die Hilfe der höheren Mächte zu erflehen. Dabei konnte sich sogar jede Hundertschaft *(centuria)* dem Schutz einer eigenen Gottheit unterstellen, wie uns ein erhaltener Weihealtar für den *genius* (Schutzgott) einer Zenturie vor Augen führt.

In den Außenbereichen des Lagers häuften sich Werkstätten und Handwerksbetriebe.

Am Fuße des Erdwalls, der auf der Innenseite der Wehrmauer aufgeschüttet war, zog sich die *via sagularis* um das gesamte Lager. Gab bei Gefahr der Hornist *(cornicularius)* das Signal, so konnte über diese 10 m breite Straße die Mauer von den Soldaten schnell bemannt werden.

Weihealtar für den genius *einer Zenturie, gefunden unter dem Niedermünster (Hist. Mus.)*

Außerdem stellte sich hier die Legion zum Exerzieren oder in Marschordnung zum Ausrücken im Ernstfall auf.

Die Orientierung eines Militärlagers erfolgte nicht willkürlich; vielmehr wissen wir von römischen Militärschriftstellern, dass die *porta praetoria*, das Haupttor, möglichst gegen den Feind gerichtet sein sollte. Außerdem wurde auch, wenn es das Gelände ermöglichte, ein Gefälle von der *porta decumana* in Richtung zur *porta praetoria* angestrebt. Beide Richtlinien fanden im Falle von *Castra Regina* Berücksichtigung.

Die Umgebung des Lagers

Zusammen mit den Legionären war auch eine große Menge an Zivilisten an die Donau gekommen, insgesamt gut 10 000 bis 15 000 Menschen. Händler, Kaufleute, Handwerker, Wirte und Dienstpersonal, aber auch manch andere, eher etwas zwielichtige Begleitpersonen der Truppe – sie alle ließen sich in der ausgedehnten Zivilsiedlung *(canabae)* nieder.

Dem Besucher der Garnisonssiedlung dürfte sich ein Bild voller Leben geboten haben. Im Erdgeschoss der Steinhäuser, zur Straße hin orientiert, öffneten sich die **Läden der Händler und die Werkstätten der Handwerker**. In der Vielfalt des Warenangebots spiegelte sich die Größe des Weltreichs wider. Auch der einfache Soldat konnte sich beim Geschirrhändler neben der einheimischen so genannten raetischen Firnisware das gehobene Tafelgeschirr, *terra sigillata*-Gefäße aus Westerndorf/Rosenheim, Rheinzabern oder gar aus Südfrankreich leisten, da eine einfache Schüssel nur ca. 5 Sesterzen kostete. Zum Vergleich: Der Jahreslohn eines Legionssoldaten betrug um 200 n. Chr. ca. 2400 Sesterzen.

Der Kleiderhändler bot neben dem groben Kapuzenmantel, der der einheimisch-keltischen Tracht entstammte, auch feinere Stoffe feil. Das Angebot im Delikatessengeschäft entsprach ebenfalls dem „Geschmack der großen weiten Welt"; vom Pfeffer aus Indien bis zu den in Öl eingelegten Austern aus dem Mittelmeer oder dem Atlantik war alles vorrätig. Natürlich durfte auch *garum*, die schmackhafte Würzsoße, die man vor allem in Südspanien aus fermentierten Fischen gewann, nicht fehlen. Wein aus Italien, Obst aus dem Süden fanden sich genauso auf

Relief mit Wirtshausszene vom Großen Gräberfeld (Hist. Mus.)

dem Markt wie einheimische Produkte, welche die in der Umgebung lebenden Bauern (meist ehemalige Soldaten) lieferten.

Auch in puncto Unterhaltungsmöglichkeiten konnte sich „Klein-Rom an der Donau" sehen lassen. **Wirtshäuser** gab es in großer Zahl. Wein, dessen Anbau die Römer auch in den Regionen nördlich der Alpen einführten, aber auch Bier, das viele Bewohner des Römischen Reiches liebten, flossen in Strömen (beides war vergleichsweise günstig zu haben), und beim – offiziell verbotenen – Würfel- oder Brettspiel dürfte mancher Sesterz seinen Besitzer gewechselt haben.

Die Prostitution blühte, und wenn man sich etwa für eine Übernachtung ein Zimmer in einem Gasthaus mietete, war das Mädchen häufig im Zimmerpreis mit inbegriffen. Für diejenigen, die sich dabei finanziell übernahmen, war der Besuch beim Geldverleiher dann oft die letzte Rettung.

> **Seinen Sold soll der Soldat im Gürtel aufbewahren und nicht in die Kneipen tragen.**
> HISTORIA AUGUSTA V. AUREL. 7

Für das körperliche und seelische Heil war ebenfalls gesorgt: Der Weg zum Quacksalber stand denen offen, die den Militärärzten misstrauten; Devotionalienhändler und Wahrsager sorgten für die Abergläubischen, denen die offiziellen Götter nicht genügten.

Neben Gewerbetreibenden aller Art lebten in der Siedlung auch die **Familien der Soldaten**. Wenngleich der römische Soldat während seiner Dienstzeit offiziell unverheiratet sein musste, so hatten doch die meisten eine Familie. Viele Soldaten such-

*Römisches Ehepaar (Relief von einem Pfeilergrabmal, Großes Gräberfeld). –
Die Frau trägt eine Frisur, wie sie um 200 im Römischen Reich modern war.
(Hist. Mus.)*

ten sich eine Frau aus der Umgebung, mit der sie in einem zwar
rechtlich nicht gesicherten, aber dennoch eheähnlichen Verhält-
nis zusammenlebten und Kinder zeugten, so dass die Einwoh-
nerzahl der Zivilsiedlung rasch anwuchs. Einen nicht geringen
Teil der Bevölkerung bildeten auch die Veteranen, also die aus
dem Dienst entlassenen Soldaten, die nach ihrer langen Mili-
tärzeit häufig nicht mehr in ihre Heimat zurückkehrten, sondern
sich nahe ihres Garnisonsortes niederließen und mit ihren nun
rechtsgültigen Ehefrauen und Kindern die soziale „upper class"
formten.

Die Regensburger Zivilsiedlung erlebte in den anfänglichen Frie-
densjahren eine wirtschaftliche Blüte und nahm sicherlich fast

Tonmaske, evtl. für kultischen Gebrauch, aus dem Lagerdorf Regensburg-Kumpfmühl (Hist. Mus.)

stadtartiges Gepräge an, wenngleich sie diese Stellung rechtlich niemals erreichte. Durch die römischen Legionäre, die lesen und schreiben konnten und die offizielle Kommandosprache Latein verstanden, waren römische Kultur und Lebensgewohnheiten an der Nordgrenze des Weltreiches eingezogen. Und wenn die Ehefrauen der höheren Offiziere geschminkt und frisiert nach dem Vorbild der jeweiligen Kaiserin – die Modetrends erreichten *Castra Regina* sicherlich immer etwas zeitverzögert – mit ihren Sklaven und Sklavinnen in der Siedlung einkaufen gingen, dann wehte auch hier ein Hauch von Rom durch die Gassen, in denen sich ein gewisser, wenn auch provinzieller Wohlstand entwickelt hatte.

Für viele Gegenden bedeutete die Einbeziehung in das Römische Reich keineswegs in erster Linie Unterwerfung unter eine imperialistische, ausbeuterische Macht. Vielmehr brachte die Zugehörigkeit zum Imperium bisher nicht gekannte Vorteile und Errungenschaften: Rechtssicherheit, inneren Frieden, die Möglichkeit eines sozialen Aufstiegs – Dinge, für die eine auf Kriegszüge und Beutemachen ausgerichtete Gesellschaft wie die germanische nicht einmal sprachliche Begriffe besaß.

Im römischen Regensburg muss es neben den Lokalen für Handel, Gewerbe und Unterhaltung sicher auch **öffentliche Bauten** (z. B. Rathaus, Thermen, Vereinslokale) gegeben haben. Die Hinweise auf eine größere Badeanlage scheinen sich im östlich des Lagers anschließenden Wohnbereich (an der heutigen Ostengasse) zu verdichten. Ein Amphitheater, in dem herumreisende Gladiatorenschulen ihr grausames Können im Kampf Mensch gegen Tier oder Mensch gegen Mensch zeigten, dürfte genauso wenig gefehlt haben wie eine kleine Theaterbühne, auf der Schauspielergruppen meist ins Obszöne gehende, derbe Stücke aufführten, wie sie bei den Zuschauern äußerst beliebt waren. Von diesen Vergnügungsstätten konnte die Archäologie bisher allerdings keine Spuren finden. Möglicherweise hatte es sich dabei ja um vergängliche Holzbauten gehandelt.

Befund der Thermenanlage im Bereich der heutigen Ostengasse

Modell des Merkur-Heiligtums auf dem Ziegetsberg (Hist. Mus.)

Militärlager und Zivilsiedlung gehörten also zusammen – allerdings sind damit noch nicht alle römischen Siedlungspunkte angesprochen, die seit Ende des 2. Jhs. die Bucht am Donaubogen füllten. Von der Höhe des Ziegetsbergs, wo die Fernstraße aus Augsburg kommend das Donautal erreichte, bot sich nach Norden das Bild einer sehr differenzierten Siedlungslandschaft.

Gleich auf dem Scheitelpunkt der Erhebung befand sich ein Tempelbereich für Merkur, die beliebteste Gottheit in Raetien. Was lag näher, als das Heiligtum für den Gott der Kaufleute, Händler und Reisenden – aber auch der Diebe – hier direkt neben der Fernstraße anzulegen? Um einen so genannten gallorömischen Umgangstempel (14 x 14 m) gruppierten sich mindestens zwei weitere kleinere Tempelgebäude, davor mehrere Altäre sowie die Buden der Devotionalienhändler. Deren Geschäft lief gut – mehrere Opfergefäße und tönerne Götterstatuen belegen dies. Nicht nur Einheimische vor Antritt einer Reise, auch Fremde beteten hier für den günstigen Ausgang ihrer Geschäfte, wie etwa eine Weihinschrift zeigt, die von Trierer Kaufleuten gestiftet wurde.

Leider haben sich von diesem Heiligtum, das in den 1930er-Jahren ergraben wurde, keine Spuren mehr erhalten. Blickte man vom Tempelbezirk in Richtung Nordwesten zur Naabmündung, dann konnte man am südlichen Donauufer eine dorfartige Siedlung ausmachen. Sie war im Schutz einer kleinen Militäranlage entstanden, deren Besatzung die Flussmündung überwachte (s. dazu S. 97ff.).

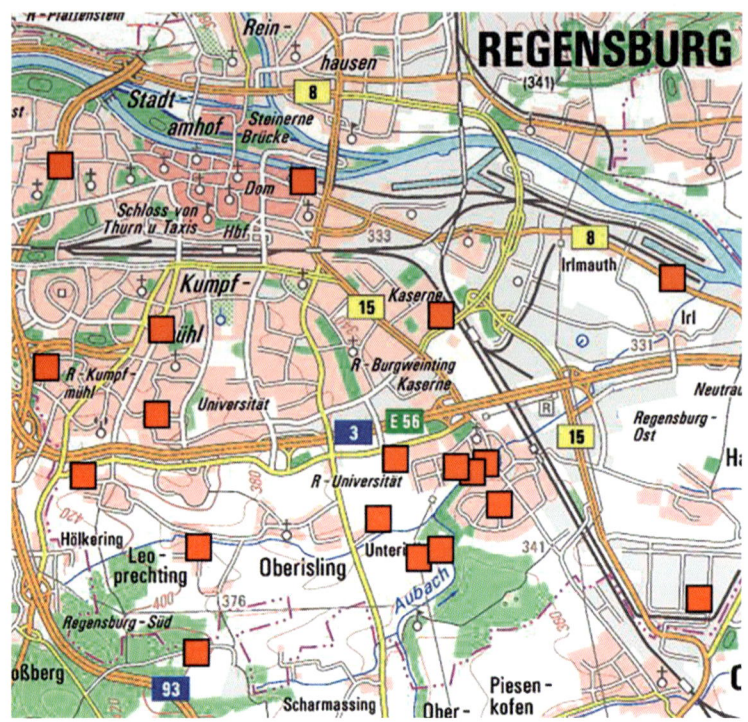

Villae rusticae *im heutigen Stadtbereich*

Das Gebiet um Lager und Zivilsiedlung war in einer Entfernung bis zu einer Tagesreise mit ca. 100 Bauernhöfen *(villae rusticae)* aufgesiedelt. Die Hofstellen erwirtschafteten neben dem Lebensunterhalt der Besitzerfamilien auch einen wesentlichen Teil der Versorgung der Legion (s. S. 100ff.).

Wanderten Reisende auf der Straße vom Ziegetsberg herab, so durchschritten sie, kurz bevor sie die Zivilsiedlung erreichten, ein ausgedehntes **Gräberfeld** (heute Bahngelände). Unübersehbar war die Menge der Gräber. Wie die Funde zeigen, wurde dieser Bestattungsplatz wahrscheinlich kontinuierlich vom 2. bis zum 8. Jh., also über die Römerzeit hinaus, belegt.

Direkt an der Hauptstraße fanden sich die Gräber der Reichen und Vornehmen – prächtige Pfeilergrabmäler oder wie kleine Tempel aussehende Grabhäuser. Weiter abseits lagen die einfacheren Bestattungsplätze – wie die Grabsteine zeigen: häufig Familiengräber. Gute Sichtbarkeit des Grabbaus von der Hauptstraße aus, leichte Zugänglichkeit des Platzes sowie der Umfang

Plan des Großen Gräberfeldes (nach Dahlem)

der Anlage, die neben der eigentlichen Ruhestätte der Toten auch noch andere Baulichkeiten umfassen konnte, bestimmten die Lage der Gräber und ihre Zuordnung zueinander. Je nach religiöser Überzeugung, aber auch ökonomischen Möglichkeiten der Veteranen bzw. ihrer Hinterbliebenen finden sich kostspielige Brand- oder günstigere Körperbestattungen nebeneinander. Im Laufe der Zeit nahm der Trend zur Körperbestattung zu. Das so genannte Große Gräberfeld wurde in den Jahren 1872–74 beim Bau der Eisenbahnanlage aufgedeckt

„Für Flavia Ispania, die 18 Jahre alt wurde, für Todia Inpetrata, die 9 Jahre lebte; Iulia Victorina ihre Mutter, die sie sehr liebte, ließ [dieses Grabmal] zu ihren Lebzeiten machen, auch für Flavius Fortio, ihrem noch lebenden Schwiegersohn. Den Totengöttern" – Römischer Grabstein (Hist. Mus.)

Zeichnerische Rekonstruktion eines Gräberfeldes

und erforscht. Die Überreste vieler Grabdenkmäler sowie zahlreiche Kleinfunde aus den Gräbern befinden sich heute im Historischen Museum Regensburg. Ein kleinerer Teil wanderte nach München und ist in der dortigen Archäologischen Staatssammlung zu besichtigen.

Von der römischen Militärsiedlung zur *metropolis Bavariae* – Die Entwicklung vom 3. bis zum 6. Jahrhundert

Das beschauliche Leben in *Castra Regina* änderte sich im Laufe des 3. Jhs. Neue Stammesgebilde tauchten an der Reichsgrenze im Bereich der oberen Donau auf. Die Alamannen, entstanden aus dem Zusammenschluss mehrerer kleiner germanischer Teilstämme, durchbrachen plündernd und zerstörend den Obergermanischen und Westraetischen Limes. Und während vielleicht Teile der III. Italischen Legion im Osten gegen die Sassani-

Der archäologische Befund Am Frauenbergl zeigt zwei übereinander liegen-
de Säulenbasen von einer porticus. Nach einer ersten Zerstörung im 3. Jh.
wurde die untere Säulenbasis als Fundament einer neu errichteten Säule
benutzt. Die zweite Säulenhalle wurde wenige Jahrzehnte nach dem Bau
ebenfalls zerstört. (Hist. Mus.)

den kämpften, wurden in den 30er-Jahren des 3. Jhs. auch das
Legionslager sowie das Umland von Regensburg stark verwüs-
tet. Die immer wieder für diese Epoche feststellbaren Zerstö-
rungshorizonte im archäologischen Befund sprechen eine deutliche Sprache.

Während das Lager nach diesen Anstürmen wieder aufgebaut
wurde, erholte sich das Umland kaum mehr von den Zerstörungen. Die meisten Gutshöfe wurden aufgegeben. Die zahlenmä-

Schädel einer ermordeten Römerin aus dem Brunnen einer villa rustica in Regensburg-Harting. Im Schläfenbereich sind deutlich Messerspuren zu erkennen. Die Stirn wurde mit einem harten Gegenstand (Eisenstange?) eingeschlagen. (Hist. Mus.)

ßige Übermacht der germanischen Stämme war groß, das Weltreich innerlich politisch zerrissen. Rom musste daher das Gebiet nördlich der Donau nach 254 völlig preisgeben. Legionslager und *canabae* wurden im Laufe des 3. Jhs. mehrmals in Schutt und Asche gelegt.

Für die Bewohner war das sicherlich eine Zeit des Schreckens. Eine Ahnung von den Gräueltaten, die die Alamannen und andere germanische Stämme während ihrer Plünderungszüge verübten, vermitteln die makabren Funde, die man Anfang der 1980er-Jahre bei Grabungen machte. In zwei Fällen entdeckte man menschliche Skelettreste. Der Schädel einer jungen Frau wies deutliche Spuren von Schwerthieben auf; bei den Überresten der Bewohner eines römischen Gutshofes in Regensburg-Harting (13 Männer und Frauen) zeigte sich, dass allen Opfern nach ihrer Tötung systematisch die Stirn mit einem harten Gegenstand, eventuell einer Eisenstange, eingeschlagen worden war. Schnittspuren an den Schläfen eines weiblichen Schädels, wie sie nur beim Skalpieren entstehen, sowie starke Zertrümmerung der Knochen bezeugen, dass hier mit großer Wahrscheinlichkeit eine beabsichtigte Verstümmelung, ein blutiges Hinschlachten von Menschen stattgefunden hat.

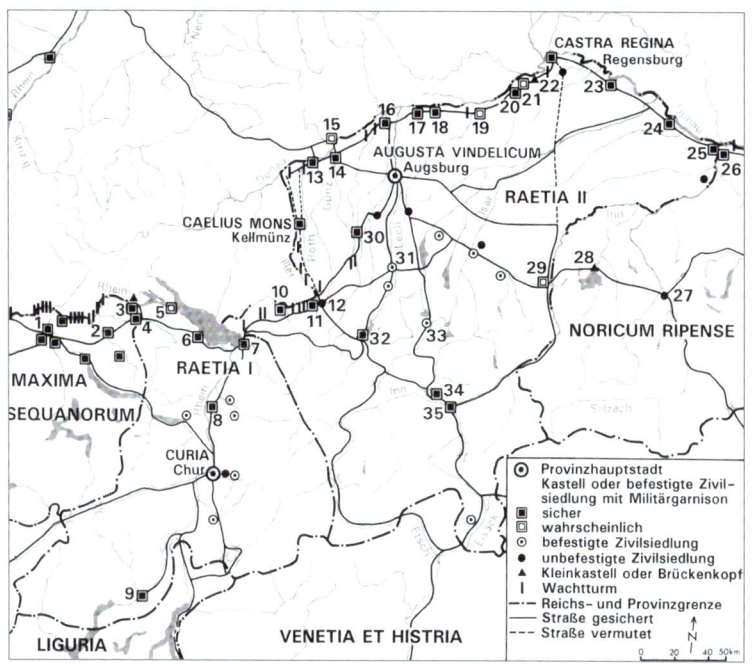

Verlauf des Donau-Iller-Rhein-Limes in Raetia I und II sowie in der Maxima Sequanorum. Nach Mackensen in Weber 2000 Abb. 245. 1 Windisch; 2 Oberwinterthur; 3 Burg bei Eschenz; 4 Pfyn; 5 Konstanz; 6 Arbon; 7 Bregenz; 8 Schaan; 9 Bellinzona; 10 Betmauer bei Isny; 11 Kempten-Burghalde; 11a Kempten-Lindenberg; 12 Kellmünz; 13 Günzburg; 14 Bürgle bei Gundremmingen; 15 Faimingen; 16 Burghöfe; 17 Burgheim; 18 Neuburg; 19 Manching; 20 Eining; 21 Weltenburg; 22 Untersaal; 23 Straubing; 24 Künzing; 25 Passau; 26 Passau-Innstadt; 27 Salzburg; 28 Seebruck; 29 Pfaffenhofen; 30 Goldberg bei Türkheim; 31 Lorenzberg bei Epfach; 32 Füssen; 33 Moosberg bei Murnau; 34 Martinsbühel bei Zirl; 35 Innsbruck-Wilten.

Nach Jahrzehnten der Anarchie orientierten sich Anfang des 4. Jhs. die Grenzen Raetiens wieder an den Flüssen Rhein (bis zum Bodensee), Iller und Donau. Trotz schwerster Verluste unter Zivilbevölkerung und militärischer Besatzung war das Leben im und um das Lager nicht ganz erloschen. Die wenigen weiter existierenden Gutsbetriebe (ca. 1/10 der Betriebe des 2. und 3. Jhs.) konzentrierten sich in der unmittelbaren Umgebung der Befestigung. Die Umwehrung des Lagers besserte man wieder aus; die Innenstruktur änderte sich allerdings gewaltig: Allem Anschein nach zog die Zivilbevölkerung der Lagervorstadt in das Kastell – den archäologischen Befunden nach vor allem in den Süd- und Westteil, während der Nordostteil weiterhin stärker militärisch geprägt blieb. Die III. Italische Legion wurde wohl in ihrer alten

Form und Größe zu Beginn des 4. Jhs. aufgelöst. Infolge einer umfassenden Reform des römischen Heeres verblieb nur eine kleinere militärische Einheit weiterhin in *Castra Regina*. Aus der Großkaserne wurde im Laufe des 4. Jhs. eine maueрumwehrte Zivilsiedlung mit militärischer Besatzung.

Das Leben ging weiter – zwar unter einfacheren Bedingungen, aber die Friedenszeit in der ersten Hälfte des 4. Jhs. ließ den Fernhandel wieder aufleben, und bald gab es auch wieder gehobenere Artikel zu kaufen. Diese Nachblüte brach durch eine erneute Katastrophe abrupt ab: Um 357/58 fielen die Juthungen, ein Teilstamm der Alamannen, in Raetien ein und richteten schwere Verwüstungen an. Auch *Castra Regina* dürfte in Mitleidenschaft gezogen worden sein. Die Besiedlung des Umlandes kam nun fast völlig zum Erliegen.

Das Ende der römischen Herrschaft in Raetien

Die Soldaten, die seit dem späten 3. Jh. die Besatzungen der Grenzbefestigungen bildeten, waren kaum mehr die Nachkommen der vorher in diesem Raum lebenden provinzialrömischen Bevölkerung. Die Alamannenstürme hatten diese beinahe ganz ausgerottet. Die römische Militärverwaltung war daher gezwungen, die Grenzverteidigung immer mehr Söldnern zu überlassen: Alamannen, Juthungen, Goten wurden zur Rekrutierung herangezogen. Römer finden wir fast nur mehr in der Oberschicht des Militärs und der Verwaltung.

Im 3. und 4. Jh. ging somit in Raetien geradezu ein Bevölkerungswechsel vonstatten. Die seit dem 1. Jh. hier ansässigen Provinzialen wurden durch Germanen verschiedener Herkunft ersetzt.

Um 400 begann am ostraetischen Limes eine neue und – wie sich zeigen sollte – folgenschwere Entwicklung. Beiderseits der Grenze traten verstärkt Bevölkerungsgruppen auf, die dem elbgermanischen Kulturkreis zuzurechnen sind. Erkennbar werden sie für uns u. a. durch eine typische Keramikform – flache Schalen, mit freier Hand geformt und mit Schrägriefen und Dellen versehen. Einige Wissenschaftler vermuten, dass diese Leute aus Südwestböhmen nach Nordbayern gezogen sind. Sie werden in

Keramik vom Typ Friedenhain-Přešťovice, 4.–5. Jh. (Hist. Mus.)

der archäologischen Fachsprache nach zwei großen Brandgrä-
berfeldern nördlich von Straubing und in Südwestböhmen als
„Friedenhain-Přešťovice-Gruppe" bezeichnet. Ihren Weg nahmen sie wahrscheinlich über die Pass-Verbindung, die aus dem
Böhmischen Kessel in die Cham-Further Senke führte; von dort
kamen sie ins Donautal.

Ihre Dörfer legten die Neuankömmlinge zum großen Teil in
Sichtweite der römischen Grenzbefestigungen an; dies lässt
darauf schließen, dass ihre Ansiedlung von den Römern gebil-
ligt wurde. Schon bald erfolgt eine intensive Rekrutierung. Zwischen Neuburg a. d. Donau und Straubing scheinen die Neu-
siedler nach kurzer Zeit den größten Teil der römischen Truppen gestellt zu haben. Die Grenzverteidigung lag damit weitgehend in der Hand von Föderaten, d. h. vertraglich verpflichteten
und entlohnten, aber weitgehend intakten und selbstständigen
germanischen Stämmen und Stammesteilen. Ihre Befehlshaber
übernahmen möglicherweise die militärischen Uniformen und
Rangabzeichen ihrer römischen Vorgänger. Eventuell standen
auch noch Romanen als Offiziere im Dienst.

Auffällig ist jedoch, dass gerade in *Castra Regina* die germanische Komponente erst im fortgeschrittenen 5. Jh. eine größere Rolle gespielt zu haben scheint. Erst eine Zeitlang nachdem
die letzte Abteilung des regulären römischen Heeres abgezogen

*Spätantiker Topf des 5. Jhs. aus
Regensburg-Grasgasse (Hist. Mus.)*

war (vor 426), finden sich nennenswerte germanische Funde. An manchen Stellen des Lagerinneren scheinen die römischen Bauten innerhalb des Legionslagers von den Germanen weitergenutzt worden zu sein, anderswo wurden sie systematisch abgebaut und die Flächen einplaniert. Nur Straßenstrukturen und geringe Mauerreste blieben erhalten. Sie sollten noch Jahrhunderte später Baulinien innerhalb der bajuwarischen Herzogsresidenz markieren. Dort, wo römische Gebäude weiterhin bewohnt waren, geschah dies allerdings unter einfacheren Bedingungen, denn den Errungenschaften der römischen Zivilisation standen die neuen Bewohner fremd gegenüber: Die Fußbodenheizungen der ehemaligen Offizierswohnungen verfielen und die Heizkanäle füllten sich mit Schutt. Dem Verfall der Häuser wusste man nur mit primitiven Mitteln – Einziehen von Holzstützen, Ausbessern der Estriche mit Lehm – notdürftig Einhalt zu gebieten. An den Stellen, an denen die römische Bebauung niedergelegt worden war, nützte man die freien Flächen bald zum Anbau von Getreide oder als Weidegrund. Teilweise entstanden zwischen den noch in ihrem Verlauf erkennbaren römischen Gassen hüttenartige Bauten mit Flechtwerkwänden, in denen eine romanische Restbevölkerung – die Reichen und Vornehmen waren längst nach Süden abgewandert – neben unterschiedlichen germanischen Neuankömmlingen lebte.

Die Zeit ließ aus dem Nebeneinander ein Miteinander werden; diese friedliche Koexistenz zeigt sich auch in den Gebrauchsgütern. Besonders deutlich kommt sie bei einem Gefäß zum Ausdruck, dessen Fragmente die Archäologen 1982 im Altstadtbereich (Grasgasse) entdeckten. In römischer Technik – auf der Scheibe – angefertigt, allerdings in Form und Aussehen der Keramik der böhmischen Föderaten ähnlich, zeigt es die Verbindung beider Kulturen.

*Grabstein der Sarmann(in)a: In Christus wohlverdient ruht
[hier] in Frieden Sarmann(in)a, den Märtyrern beigesellt (Hist. Mus.)*

In diese Zeit des Übergangs gehört auch eine Grabinschrift für
eine Bewohnerin von *Castra Regina* namens *Sarmann(in)a*. Das
Besondere an dem Grabstein: Die Inschrift weist die Verstorbe-
ne als Christin aus. Der 1893 aufgefundene Stein ist die älteste
eindeutig christliche Inschrift in ganz Bayern. Für Regensburg ist
es sogar das einzige sichere Zeugnis für den christlichen Glau-
ben in römischer Zeit, obwohl wir annehmen können, dass sich
unter den im Donaubogen lebenden Römern zunehmend auch
Christen befunden haben dürften.

Sarmann(in)a wurde im Großen Gräberfeld beigesetzt, evtl.
nahe einer kleinen frühchristlichen Kirche, worauf der Text des
Grabsteins hindeuten könnte. Leider enthält er keine Angaben,
wer die Frau war und wann sie gestorben ist.

Wenngleich die Entwicklung wissenschaftlich noch keineswegs vollständig und widerspruchsfrei erfasst ist, so können
wir doch festhalten, dass man sich das Ende der römischen
Herrschaft nicht durch einen schroffen Gegensatz Germanen
– Römer vorstellen darf. Langsam und regional unterschiedlich
„versickerte" sozusagen im baierischen Raum die römische
Macht. Spätestens 476 hörten die Soldzahlungen Roms an die
Grenztruppen auf; die raetische Grenzverteidigung brach damit
endgültig zusammen. Die meisten Föderaten werden jedoch in

ihren Garnisonsorten oder deren Umgebung geblieben sein. So wurde etwa das Große Gräberfeld vor den Festungsmauern von *Castra Regina* ohne Unterbrechung weiterbelegt.

Mit der Aufgabe der Grenzverteidigung hatten von Westen her der Vormarsch der Alamannen sowie die Einwanderung weiterer Elbgermanen (aus Thüringen, Südböhmen, Nordböhmen) eingesetzt. Dazu gesellten sich Angehörige anderer Stammesgruppen, wie der Langobarden, Heruler, aber auch Ostgoten, so dass bald ein buntes Völkergemisch den Raum an der Donau und südlich davon besiedelt haben dürfte.

Die Baiuvaren – Männer aus Baia?

Gegen Ende des 5. Jhs. hatte der Ostgotenkönig Theoderich, der sagenhafte Dietrich von Bern, die Herrschaft über Italien an sich gebracht. Der letzte weströmische Kaiser, Romulus Augustulus, war im Jahr 476 von dem Germanen Odoaker abgesetzt worden. Dieser wiederum wurde von Theoderich mit eigener Hand erschlagen. Damit war das Gebiet bis zur Donau ostgotisches Interessengebiet geworden.

Im Jahr 536 gaben die Ostgoten allerdings ihren Anspruch auf das Alpenvorland zu Gunsten der Franken auf; deren Expansion hatte seit der Wende zum 6. Jh. den Zuzug größerer Bevölkerungsgruppen aus dem Westen und Norden in den ostraetischen Raum mit sich gebracht. Die politische und ethnische Entwicklung dieses Gebietes in der ersten Hälfte des 6. Jhs. ist leider nur andeutungsweise zu erschließen. Der gesamte süddeutsche Raum bildet in ethnischer und kultureller Hinsicht eine Einheit, die von den Archäologen nur mit Mühe untergliedert werden kann.

> **Du kommst nach Augsburg, wo Wertach und Lech zusammenfließen ... wenn dann der Weg frei ist und dir nicht der baiovarius entgegentritt ...**
>
> VENANTIUS FORTUNATUS, VITA SANCTI MARTINI 4, 642FF.

In den schriftlichen Quellen taucht um das Jahr 551 erstmals der Name „Baibari" für das Volk auf, das in östlicher Nachbarschaft zu den Alamannen wohnt. Ein gutes Jahrzehnt später (ca. 565) bezeichnet der Dichter und spätere Bischof von Poitiers, Venantius Fortunatus, die Leute östlich des Lechs als *baiovarii*.

Diese *baiovarii*, aus denen dann im Laufe der Zeit die Baiern wurden, reizen schon seit über 200 Jahren die Wissenschaft zu immer neuen Theorien, ohne dass bisher eine widerspruchsfreie Lösung gefunden werden konnte. Die Deutung des Namens als „Männer aus Baia = Böhmen" ist eine Möglichkeit, die derzeit zwar von etlichen Wissenschaftlern favorisiert wird, gegen die es jedoch durchaus auch ernstzunehmende Gegenargumente gibt.

Almandin-Scheibenfibel mit Kreuzzeichen aus Regensburg-Burgweinting

Folgt man der „Böhmen-These", so könnte man in den *baiovarii* die Nachfahren der böhmischen Föderaten sehen. Dieser Schluss scheint sich zwar anzubieten, lässt sich aber bisher noch keineswegs eindeutig beweisen. Jedenfalls darf man sicher nicht von der geschlossenen Einwanderung eines fertig ausgebildeten Stammes ausgehen. Die Geschichte, wie sie sich für uns durch die Archäologie erschließt, zeigt, dass der Stamm der Baiern vielmehr aus vielfältigen ethnischen Elementen – Alamannen, Franken, Langobarden, Ostgoten, Elbgermanen und spätrömisch geprägter Restbevölkerung, die wir als Romanen bezeichnen – zusammenwuchs. Ein römisch-germanisches Bevölkerungsgemisch, das sich erst allmählich und wahrscheinlich durch politischen Druck von außen als Einheit begriff.

Die „Männer aus Böhmen" waren damit – wenn überhaupt – nur eine der vielen Gruppen, die an der Ausbildung des neuen Stammes teilhatten. Ob sie dabei allerdings eine führende Funktion einnahmen, liegt derzeit noch im Dunkel der Geschichte verborgen. Der erste bekannte Herzog der Baiuvaren, Garibald (Mitte 6. Jh.), gehörte jedenfalls zum engsten Umfeld des fränkischen Königs und wurde wohl auch von ihm mit der Herrschaft betraut. Fraglich bleibt auch, ob dieser Stammeschef bereits der Adelsfamilie der Agilolfinger entstammte. Dieses vornehme Geschlecht zeichnete sich durch stammesübergreifende Verbin-

Rekonstruktion eines baiuvarischen Hauses in Regensburg-Burgweinting

dungen zu den Langobarden und Franken aus und hatte in der Folgezeit bis zum ausgehenden 8. Jh. die baiuvarische Herzogswürde inne.

Als drittes Fragezeichen steht im Raum, ob Regensburg von Anfang an politischer Mittelpunkt des im Entstehen begriffenen Herrschaftsgebildes war. Einiges spricht aber dafür, dass die ihre massive Quaderummauerung noch besitzende Festung zum Kristallisationspunkt des neuen Stammes der Baiern wurde. Ihre gewaltigen Mauern erschienen noch im 8. Jh. als *das* Charakteristikum.

> **Eine Stadt, die unvergleichlich ist, aus Quadersteinen erbaut, von hohen Türmen überragt und reich an Brunnen.**
>
> Arbeo, vita Haimrhammi

DER LEGIONÄR

Im Römischen Reich existierte zwar grundsätzlich Wehrpflicht, doch die römische Armee war eine Freiwilligen-Armee, d.h. jeder Reichsbewohner, der das römische Bürgerrecht besaß – nach dem Jahr 212, als Kaiser Caracalla dieses Recht praktisch allen Freien innerhalb der Imperiumsgrenzen zugestand, war dies keine Besonderheit mehr –, konnte sich für den Dienst in der Legion anwerben lassen. Wurde er in einem Rekrutierungsbüro eingestellt, so begann eine mindestens 20-jährige (meist 25-jährige) Dienstzeit, die für die meisten der Angeworbenen einen sozialen Aufstieg bedeutete.

Grabstein eines Soldaten der III. Italischen Legion in leichter Dienstuniform (Hist. Mus.)

Die Armee wurde im Laufe des 2. und 3. Jhs. immer mehr das Hätschelkind der römischen Kaiser, da die kaiserliche Macht in zunehmendem Maße auf die militärische Unterstützung angewiesen war. Das Heer „machte" die Kaiser. Man kann sich leicht vorstellen, dass es den Soldaten daher materiell nicht schlecht ging.

Besoldung

Der reguläre **Sold** *(stipendium),* der an drei Zahltagen im Jahr (1. Januar, 1. Mai, 1. September) ausbezahlt wurde, war nicht gerade übermäßig hoch, dazu mussten die Soldaten davon noch beträchtliche Abzüge hinnehmen, etwa für Kleidung, Essen, Waffen bzw. deren Reparaturen, Götterspeisungen und einen Beitrag für die freiwillige Sterbekasse. Diese Einbußen machten bis zu 70 % des Soldes aus, wobei den größeren Posten die Lebensmittel einnahmen. Dennoch konnte sich selbst der einfache *legionarius* wegen der zahlreichen Sonderzahlungen, kaiserlichen Geldgeschenke usw. einen gehobenen Lebensstandard leisten. Ein Teil der Einkünfte wurde in Form einer Spareinlage von der Truppenverwaltung einbehalten, in der Legionskasse aufbewahrt und erst am Ende der aktiven Dienstzeit ausgeschüttet, gleichsam als finanzielles Sprungbrett für die Zeit nach dem Militärdienst. Dazu bekam der neue Reservist auch ein recht ansehnliches Entlassungsgeld und/oder ein Grundstück an seinem bisherigen Garnisonsort entweder ganz umsonst oder für einen geringen Preis zum Eigentum. Er konnte sich damit eine eigenständige Existenz als Bauer, Gewerbetreibender oder Handwerker aufbauen. Zumindest Dienstgrade und Offiziere gehörten auf Grund ihrer guten materiellen Ausstattung in ihrem Ruhestand meist zur sozialen Oberschicht ihrer Heimatgemeinden.

Eintritt in die Legion

Die ersten Soldaten der III. Italischen Legion stammten aus Oberitalien – noch heute kann man im Museum von Portogruario, nahe Venedig, eine ganze Reihe von Grabsteinen für ehemalige Angehörige der Regensburger Legion sehen. Als Veteranen waren die aus dieser Gegend Stammenden wieder dorthin zurückgekehrt. Die laufende Ergänzung der Legion war nicht mehr an das ursprüngliche Aushebungsgebiet gebunden, und so wurde die ethnische Geschlossenheit schnell durch eine sozusagen „internationale Vielfalt" ersetzt. Man traf in der Legion bald Angehörige aus allen Teilen des Römischen Reiches.

Die jungen Männer traten im Schnitt im Alter von 16–20 Jahren in die Armee ein. Eine Beförderung vom einfachen Fußsoldaten zum *primus pilus* der I. Kohorte, dem bereits Offiziersrang zukam, war zwar langwierig, aber möglich. Dies bedeutete nicht nur den Aufstieg in die zweithöchste Klasse der römischen Gesellschaft, den Ritterstand, sondern auch einen Sold, der – man höre – etwa das 60-Fache des einfachen Soldatenlohns ausmachte. Allerdings erhielt das Gros der Legionäre (ca. 80 %) trotz der ca. 200 bekannten unterschiedlichen Posten innerhalb der Legion nur den einfachen, höchstenfalls eineinhalbfachen Sold.

Ausrüstung

Der Soldat musste wohl den größten Teil seiner **Ausrüstung** selbst kaufen. Die Herstellung von Waffen und Uniformteilen erfolgte in privatwirtschaftlich betriebenen, überregionalen Produktionszentren im Auftrag der Armee. Für Reparatu-

„Besitzermarke". – Bronzeschildchen mit der Aufschrift: T(urma) CLAUDI SEVERI FELICIS. Der Besitzer Felix war Soldat in der Reiterabteilung des Claudius Severus. Gefunden im Badegebäude in Regensburg-Kumpfmühl (Hist. Mus.)

ren standen Werkstätten *(fabricae)* innerhalb des Lagers und in den größeren Zivilsiedlungen zur Verfügung. Da die Ausrüstung Eigentum des einzelnen Legionärs war, versah sie der Besitzer gern mit Besitzermarken oder -inschriften. Mehrere Namenszüge auf einem Rüstungsteil zeigen, dass die Ausrüstung, wenn sie noch intakt war, nach der Dienstzeit weiterverkauft werden konnte.

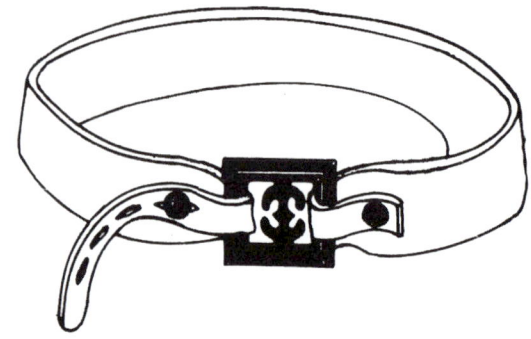

Gürteltracht eines Regensburger Legionärs (Hist. Mus.)

Die **Uniform** des einfachen Legionsinfanteristen bestand im 3. Jh. aus einem weiten Hemd aus Wolle oder Leinen *(tunica)*, das mit Hilfe eines metallbeschlagenen Ledergürtels *(cingulum)* gerafft und auf etwa Knielänge fixiert wurde. An diesem Gürtel waren auch Dolch *(pugio)*, Geldbeutel und Messer befestigt. Das raue Klima in unseren Breiten ließ die Soldaten bald unter ihre *tunica* eine – eigentlich germanische – Hose ziehen, die bis unters Knie reichte. Darüber wurde der Soldatenmantel *(sagum* oder *paenula)* geworfen. Ein Halstuch *(focale)* schützte vor Wind, Kälte, aber auch Sonne. Im Kampf trug der Legionär ein eisernes Kettenhemd. Die Füße steckten in genagelten Sandalen *(caligae)*, die mit Lederriemen bis zu den Waden geschnürt wurden.

Die wichtigste **Waffe** des Legionärs war das Schwert – im Laufe des 2. Jhs. ersetzte hier die lange *spatha* das römische Kurz-

Zwei Reenactment-Darsteller in voller Legionärsausrüstung

schwert, den *gladius*. Die hölzerne Scheide war mit Leder überzogen und durch ein Ortband aus Metall unten abgeschlossen. Sie hing an einem Schulterriemen *(balteus)*, der auch für Orden und Ehrenzeichen Platz bot. Die *spatha* trug man auf der linken Seite.

Zur Infanteriebewaffnung gehörten noch der Wurfspeer *(pilum)* und ein stark gewölbter Schild *(scutum)*, der aus Holz und Leder bestand und metallene Randeinfassung, Schildbuckel, Griff und Zierbeschläge aufwies. Bunt bemalt und mit den Insignien der Einheit versehen, unterschied er schon durch seine Rechteckform den Legionär von anderen Heeresformationen.

Die Uniform selbst wies keine Rangabzeichen auf. Allerdings waren bestimmte Ausrüstungsteile bestimmten Rängen vorbehalten; so erkannte man einen *centurio* (=Hundertschaftsführer im Offiziersrang) schon von weitem an seiner metallenen Beinschiene, seinem hölzernen Rebstock und dem quergestellten Federbusch auf seinem Helm. Außerdem war sein Mantel dunkel eingefärbt. Zur besonderen Hervorhebung trugen der Fahnenträger und die Hornisten Wolfsfelle. Reiter waren, wenn sie nicht eine nationale Spezialausrüstung hatten, mit Lanze, Stiefeln, Panzer, Rundschild, Schwert ausgerüstet und trugen eine kurze Lederhose. Ausrüstung und Uniform der Legionäre waren im 3. Jh. weitgehend standardisiert. So dürfte sich ein Regensburger Legionär von seinen Kameraden in anderen Teilen des Imperiums kaum unterschieden haben. Eindeutig als Angehörigen der III. Italischen Legion wies ihn nur das Legionswappen – ein Storch – auf seinem Schild aus. In Uniform traf man die Soldaten allerdings nur bei Übungen, offiziellen Handlungen und natürlich im Kampf an.

Pflichten

Der **tägliche Dienst** in der Armee war genau geregelt. Mit einem Hornsignal wurde noch vor Sonnenaufgang geweckt. Nach dem Morgenappell, bei dem der wachhabende Offizier den Tagesbefehl sowie etwaige kaiserliche Schreiben, wichtige Nachrichten usw. verlas und die Tageslosung ausgab, war der Vormittag Waffen- und Gefechtsübungen vorbehalten, die zum Teil in der den *principia* vorgelagerten Halle oder auf einem Exerzierplatz außerhalb des Lagers (campus castrensis) stattfanden. Die Mittagszeit wurde wieder durch ein Hornsignal angekündigt.

Soweit die Legionäre nicht zum Wachdienst im Lager oder in den verschiedenen Wachtürmen am Limes abkommandiert oder für andere Spezialaufgaben (z. B. Futtertransport, handwerkliche Dienste usw.) vorgesehen waren, hatten sie am Nachmittag dienstfrei. Allerdings wird in den Militärhandbüchern immer wieder davor gewarnt, den Soldaten zu viel Freizeit zu lassen, da die militärische Disziplin darunter leide.

Dies war wohl auch der Grund, warum Kaiser Hadrian darauf bestand, dass die gesamte Truppe monatlich dreimal einen längeren Marsch in voller Ausrüstung zu absolvieren hatte. Ein wichtiges Disziplinierungsmittel waren verstärkte Schanzarbeiten in voller Ausrüstung. Sollte dies nicht ausreichen, dann warteten harte Strafen (körperliche Züchtigung oder Haft im Lagergefängnis) auf den Übeltäter.

Etliche Angehörige der III. Italischen Legion verrichteten ihren Dienst nicht im Stammquartier Castra Regina, sondern waren mit Verwaltungsaufgaben in der Provinzhauptstadt Augsburg, wo sich der Sitz des Provinzstatthalters befand, betraut. Teile der Legion waren auch als Bautrupps beim Straßenbau oder für Kastellum- bzw. -neubauten in der ganzen Provinz abkommandiert.

> **Der Würfel findet sich häufig in den Militärlagern, die Nachtwachen werden schlafend oder trunken vom Wein verbracht.**
>
> Fronto ep. 2

Versorgung

Jeweils acht Soldaten bildeten eine Stubengemeinschaft; diese Organisationseinheit war auch weitgehend für die Essenszubereitung zuständig. Zur staatlich zugeteilten Verpflegung gehörte ungemahlenes Getreide, das mit der Handmühle geschrotet oder fein ausgemahlen und dann zu einem Brot- oder Teigfladen weiterverarbeitet wurde. Da es keine Gemeinschaftsküche gab, erfolgte das Backen der Fladen entweder auf der Herdstelle im Inneren der Mannschaftsunterkünfte oder auf kleinen Backöfen, die aus Gründen des Feuerschutzes meist in den Erdwall (agger) an der Lagermauer eingesetzt waren. Der Staat lieferte außer Getreide noch Salz, Speck, Käse, Gemüse, Wasser, Essigwasser und Olivenöl. Für weitere Bereicherungen des Speise-zettels musste der Soldat selbst sorgen. Die in manchen Lagern erhalten gebliebenen schriftlichen Zeugnisse (Papyri, Schreibtä-felchen) zeigen uns, dass die private Versorgung für den einzel-nen Soldaten – nicht nur was die Lebensmittel anbelangte – eine große Rolle spielte. Nachschub dafür erhielt der Soldat v. a. von seiner Familie, die ihren Verwandten teilweise über große Dis-tanzen mit Gütern des täglichen Bedarfs aus der Heimat unter-stützte.

Die Lebensmittelbeschaffung für die Legion stellte ein logis-tisches Problem ersten Ranges dar. Alleine ca. 2000 t Getrei-de waren jährlich für einen derartigen Kampfverband erforder-lich. Dazu kamen ca. 5 t Gerste pro Tag für die Armeepferde. Der größte Teil der benötigten Lebensmittel wurde sicherlich auf den Bauernhöfen im Umland von *Castra Regina* produziert. Aller-dings konnten der nahe fruchtbare Gäuboden und das Hügelland nicht alles liefern; so mussten die ca. 94 t Olivenöl, die die Legi-on pro Jahr benötigte, aus dem Süden importiert werden. Daher verwundert es nicht, dass südlich des Alpenhauptkammes in *Tri-dentum* (Trento) ein „Einnehmer des Proviants der III. Italischen Legion", also ein Offizier, der für die Güterversorgung zuständig war, seinen Standort hatte.

Freizeit

Was machten die Soldaten, deren Dienst mittags endete? Sicherlich hielten sie sich nur so lange wie unbedingt nötig in ihren Unterkünften innerhalb des Lagers auf, denn die Unterbrin-gung der einfachen Soldaten war nicht gerade komfortabel (s. S. 79f.). Während für die Offiziere im Gebäudekomplex der Lagerverwaltung (*principia*, s. S. 85) Kasinos (*scholae*) zur Ver-fügung standen, gab es für die unteren Chargen keine Gemein-schaftsräume, sodass die Legionäre ihre Freizeit wohl außer-halb des Lagers verbrachten. Neben den Thermenanlagen mit Sportplätzen sowie einer – bislang zwar nicht nachgewiese-nen – Spielstätte für verschiedenste Theateraufführungen lock-ten zahlreiche andere Vergnügungsmöglichkeiten in der nahen

Römische Spielsteine – Grabbeigaben aus dem Großen Gräberfeld (Hist. Mus.)

Zivilsiedlung. Mehrere Funde von Würfeln, Spielsteinen und in Steinquadern eingeritzten Spielbrettern lassen vermuten, dass die offiziell verbotenen Glücksspiele als Freizeitvergnügen hoch im Kurs standen.

Urlaub im heutigen Sinne war in der römischen Armee unbekannt. Lagen triftige Gründe vor, so konnte der Soldat schriftlich ein Freistellungsgesuch einreichen; Anspruch auf Bewilligung hatte er nicht. Die Dienstbefreiung war ein Vorrecht des Truppenkommandeurs und erfolgte nur, wenn die Heeresabteilung nicht im Kampfeinsatz war. Überschritt der Beurlaubte die vorgegebene Freizeit, so wurde er wie ein Fahnenflüchtiger verfolgt und hart bestraft.

ROUTE 1
Die Befestigung
des Legionslagers

Dieser etwa eineinhalbstündige Spaziergang vermittelt eine gute Vorstellung von der einstigen Mächtigkeit der Militäranlage und zeigt, wie die Umwehrung ausgeführt wurde. Die Route orientiert sich – den Abmessungen des römischen Lagers folgend – an den oberirdisch noch sichtbaren Resten der Römermauer und führt zur Porta Praetoria.

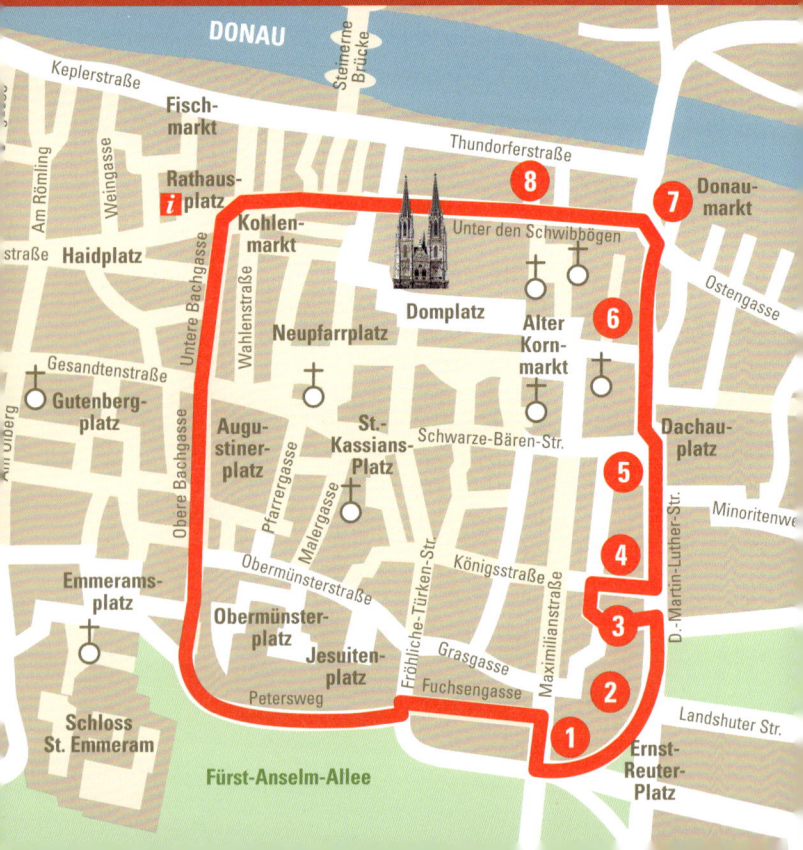

Auch heute – mehr als eineinhalb Jahrtausende nach den Römern – ist es in Regensburg noch möglich, das gesamte Geviert des ehemaligen Legionslagers zu umwandern. Der Weg führt dabei an Teilstücken der römischen Umwehrung entlang oder durch Straßen und Gassen, die sich dem Verlauf der ehemaligen Befestigung angepasst haben. Bei diesem Spaziergang von ca. 1,5 Stunde Dauer bekommt man eine gute Vorstellung von der einstigen Mächtigkeit der Militäranlage. Rund 200 m der so genannten Römermauer sind noch oberirdisch erhalten und zu einem guten Teil auch zugänglich.

Bis zum 10. Jh. diente die römische Wehrmauer als alleinige Sicherung der Stadt. Um 917/20 wurde unter Herzog Arnulf von Bayern die westliche Vorstadt in die städtische Fortifikation einbezogen. Dabei legte man die westliche Front der ehemaligen Lagermauer weitgehend nieder. Zu Beginn des 14. Jhs. ummauerte man dann die Ostenvorstadt, sodass auch hier die römische Umwehrung zumindest in Teilen (von Norden her bis zur Straße Am Königshof) ihre Schutzfunktion verlor. Die aufgegebenen Mauerbereiche blieben in wesentlichen Teilen jedoch erhalten, da sie in mittelalterliche Gebäude einbezogen wurden. Im Süden bildete die Römermauer bis in die Neuzeit einen unverzichtbaren Teil der Stadtbefestigung.

Beginnen wir unseren Rundgang durch das römische Regensburg am besten an einer der eindrucksvollsten Stellen!

❶ document Legionslagermauer am Ernst-Reuter-Platz

In den Jahren 1962/63 wurden die **Südostecke der römischen Lagermauer** sowie Teile der davorliegenden mittelalterlichen Stadtbefestigung freigelegt, konserviert und für die Öffentlichkeit sichtbar und zugänglich gemacht.

Die an der Südseite noch bis zu einer Höhe von 4,80 m erhaltene römische Mauer (der Ostteil wurde im Zuge der Freilegung z. T.

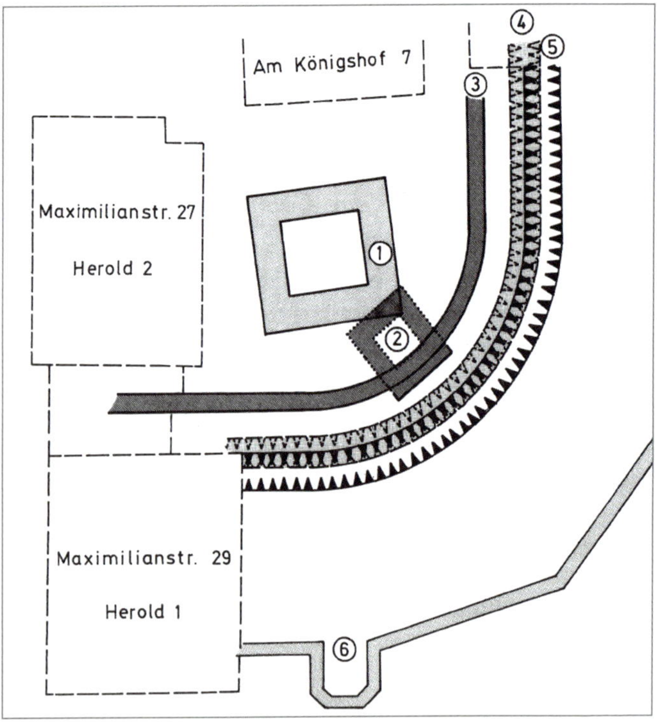

*Der archäologische Befund am Ernst-Reuter-Platz: **1** Fundamente eines mittelalterlichen Wohnturms; **2** Fundamente eines Eckturms in der Römermauer; **3** Römermauer; **4** mittelalterlicher Graben; **5** römischer Spitzgraben; **6** mittelalterliche Zwingermauer mit polygonalem Turm*

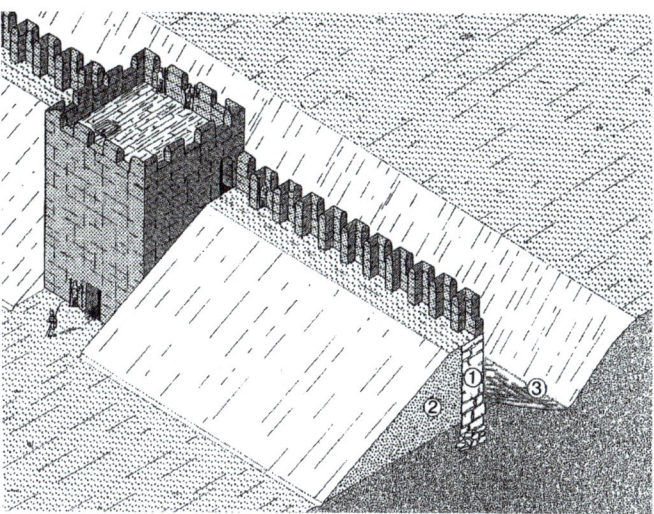

*Rekonstruktion der Lagermauer – **1** Quadermauer; **2** Erdwall hinter der Mauer (agger); **3** vorgelagerter Spitzgraben*

ergänzt) lässt die Wehrhaftigkeit des Kastells erahnen. Deutlich liegt die Konstruktion vor unseren Augen. Zunächst hoben die Römer einen Fundamentgraben (2,5 m breit, 1,5 m tief) bis zum gewachsenen Fels aus, der dann mit einem 70 cm hohen Bruchsteinfundament ausgefüllt wurde. Darauf setzte man zwei Lagen ziemlich flacher Sandsteinblöcke. Erst nach einem weiteren, 70–90 cm hohen Mauersockel, der oben abgeschrägt wurde, folgte die eigentliche Quadermauer.

Ohne vergleichbares Gegenstück im Bereich nördlich der Alpen ist die massive Ausführung der Umwehrung. Die Kalksteinblöcke wurden an der sichtbaren Außenseite sorgfältig zugerichtet, die nach innen abgetieften und nur grob behauenen Seitenflächen umgab ein exakt bearbeitetes steinernes Band, das die Stoßfläche zum nächsten Quader herstellte. Die Steine wurden mit nur wenig Mörtel in Läufer-Binder-Technik aufeinandergesetzt. Heute kann man sich die Mühsal kaum vorstellen, die das Bewegen und zentimetergenaue Aufeinanderlagern der tonnenschweren Blöcke bereitete.

An die innere Mauerseite lehnte sich ein Erdwall *(agger)* an, der rampenartig zur Mauerkrone hinauflief und oben den hölzernen Wehrgang entlang der Mauer stützte (untere Breite des Walls: 12 m). Der *agger* war mit Rasensoden abgedeckt, um ein Abrut-

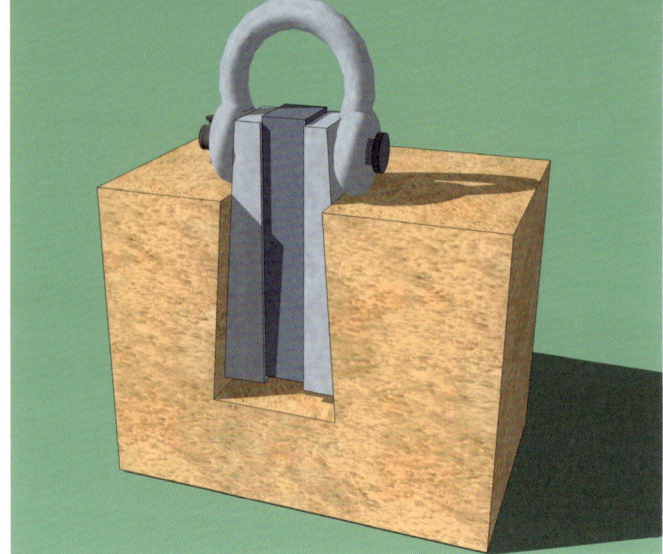

Dreiteiliges Hebewerkzeug „Wolf"; Rekonstruktion eines Originals

schen des Erdreichs bei Regen zu verhindern. Dieser Wall wurde nicht nachträglich aufgeschüttet, sondern wuchs zusammen mit der Mauer empor. Wie die eingelagerten Schichten aus Kalksteinsplitter zeigen, wurde er jeweils als Arbeitsplattform verwendet, auf der die Quader ihre letzte Zurichtung bekamen. Man transportierte die Blöcke allerdings sicher nicht über die Schräge den rutschigen Wall hinauf, sondern bewegte sie mit Hilfe von Hebekränen. Die zahlreichen in den Steinblöcken heute noch sichtbaren Löcher dienten zur Befestigung der Hebewerkzeuge, etwa des so genannten „Wolfs".

Die Steine wurden so gesetzt, dass sich die Löcher an der Ober- oder den Innenseiten befanden und damit nicht zu sehen waren. Ihre heutige Sichtbarkeit vor allem ab einer Mauerhöhe von ca. 1,5 m deutet darauf hin, dass die Quader zumindest ab der zweiten bis dritten Steinlage nicht mehr in ihrer ursprünglichen Position liegen. Sowohl noch in römischer Zeit (3./4. Jh.) als auch in den Jahrhunderten danach wurde die Mauer demnach oftmals nur notdürftig ausgeflickt. Nicht selten verwandte man dabei fremdes Material, wie die Vielzahl vermauerter Architekturteile und Fragmente von Grabmälern sowie zahlreiche Ausbesserungen mit Bruch- und Ziegelsteinen beweisen.

Im Scheitel der Mauerkurve ist noch das **Fundament eines Eckturms** (unter dem mittelalterlichen Bruchsteinmauerwerk) sichtbar. Die Türme ragten etwa 1,2 m vor die Mauer. Die deutlich erkennbaren Ergänzungen mit Bruchsteinen in der abgestumpften Mauerecke gehören zu einer wahrscheinlich mittelalterlichen Umbauphase.

Eine der wichtigsten Erkenntnisse bei der Freilegung dieser Mauerteile war die Bestätigung der Annahme, dass die Befestigung des Legionslagers von Anfang an aus Quadern errichtet worden war. Von einem Vorgängerbau etwa in Holzbauweise fanden sich keine Spuren.

Allerdings sind an etlichen Stellen der erhaltenen Lagermauer bauliche Hinweise darauf zu finden, dass die ursprünglich massive Quadermauer mit angeschüttetem Erdwall noch in römischer Zeit mehrfach umgebaut wurde. Man trug zumindest teilweise den Wall ab und errichtete in einigem Abstand eine zweite Mauerschale. Den Raum zwischen beiden Quaderschalen füllte man mit Bruchsteinen aus. Möglicherweise erhöhte man gleichzeitig die Mauer von ursprünglich ca. 6 m auf 10 m.

Dem römischen Mauergürtel war als weiteres Annäherungshindernis ein V-förmiger, 6–7 m breiter und bis zu 8 m tiefer **Spitzgraben** sowie möglicherweise ein bisher nur teilweise nachgewiesener Sohlgraben (U-förmig; dieser Graben ist aber wahrscheinlich erst im Mittelalter entstanden) vorgelagert. Das Aushubmaterial dieser Gräben, die wohl mehr mit Schlamm und

Das archäologische Freigelände am Ernst-Reuter-Platz. Im Vordergrund die mittelalterliche Stadtbefestigung, dahinter die römische Wehrmauer

Grabung beim Neubau der Industrie- und Handelskammer. – Ein freigelegtes Stück der Römermauer in Richtung nach Süden. Links die Außenfront aus großen Kalksteinquadern, rechts die Innenfront aus plattigen Steinen. Innenfüllung aus kleineren Steinen, Kies und Kalk.

Unrat als mit Wasser gefüllt waren, diente zur Aufschüttung des Walls.

Der römischen Umwehrung vorgesetzt findet sich ein **Teil der mittelalterlichen Stadtbefestigung**. Diese Zwingermauer von 1383 enthält im Scheitel der Eckrundung ein polygonal hervortretendes Wehrtürmchen. Deutlich erkennbar ist das für das 14. Jh. typische unregelmäßige Bruchsteinmauerwerk, eingefasst von einer Eckquaderung aus Werksteinteilen. Im Bereich der Südostecke bildete diese mittelalterliche Mauer keineswegs einen Ersatz für die weitaus ältere römische Mauer, sondern stellte nur eine Ergänzung und Verstärkung der Verteidigungsanlagen dar. Beide Mauern – die noch aus der Römerzeit stammende Quadermauer und die mittelalterliche Befestigung – schützten an dieser Stelle die Stadt Regensburg bis ins 18. Jh.

Die römische Lagermauer und die ihr vorgestellte mittelalterliche Zwingermauer können heute sowohl entlang des Mauerfußes begangen als auch auf einem Steg überquert und somit von oben betrachtet werden.

Folgen wir der Mauer nach Norden! Beim Umbau des Hauses D.-Martin-Luther-Str. 12 (heute Industrie- und Handelskammer) **❷** stieß man bereits 1951 nur wenige Zentimeter unter der Erdoberfläche auf ein rund 30 m langes **Teilstück der römischen Mauer**.

Man tiefte die Baugrube so weit ab, dass die Lagermauer auf ca. 1,5 m Höhe frei lag, ohne dass man allerdings das Mauerfundament, das noch ca. 1,8 m tiefer anzunehmen ist, erreichte. Ohne sich weiter um die römischen Reste zu kümmern, wurden die in der Baugrube sichtbar gewordenen Mauerteile herausgebaggert und der noch im Boden befindliche Teil zur Fundamentierung des geplanten Hauses verwendet. Etliche der entnommenen Quader vermauerte man einige Jahre später an der Ostseite der Mauer am Ernst-Reuter-Platz.

Die Mauer, deren römische Originallagen im Gebäude der IHK (zugängliches Foyer im Untergeschoss) und hinter dem Haus D.-Martin-Luther-Straße 10 (Zugang durch die Straße Am Königshof) **❸** in einer mittelalterlichen Überbauung mit eingestreuten römischen Quadern sichtbar werden, zieht sich dann durch die Tiefgarage des Hauses D.-Martin-Luther-Straße 8 und tritt uns einige Meter weiter nördlich wieder entgegen.

❹ Mauer und Magazinbau – document Legionslagermauer im Parkhaus am Dachauplatz

Beim Bau eines Parkhauses auf dem Gelände des ehemaligen Klosters St. Klara legte man 1972 ein weiteres 60 m langes **Teilstück der römischen Mauer** frei. Über zwei Treppen kann man heute vom Erdgeschoss des Parkhauses zum Fuß des ca. 5 m hohen Mauerstückes gelangen. Der außergewöhnlich gute Erhaltungszustand der Quader mit ihren z. T. fast planen Außenflächen im unteren Teil fällt besonders ins Auge. Die Mauer war an dieser Stelle jahrhundertelang in das mittelalterliche Kloster

Blick auf die sanierte Römermauer im Untergeschoss des Parkhauses am Dachauplatz

eingebaut, sodass die Verwitterung ihr Zerstörungswerk nicht allzu umfänglich betreiben konnte.

Nachträglich haben die Römer hier an die Mauerinnenseite in den dafür abgetragenen Erdwall eine 60 m lange und 10 m breite Halle gebaut. Dieser relativ große, heute leider nicht mehr sichtbare Bau konnte ebenfalls 1972 völlig ergraben werden. Holzpfosten unterteilten seinen Innenraum zu einer dreischiffigen Halle. Die Dicke der Rückwand – ebenfalls aus Quadern bestehend – ließ sich noch exakt bestimmen, da auf dem noch erhaltenen Fundament die genaue Breite des aufgehenden Mauerwerks (1,31 m) mit Ritzlinien von den römischen Bauleuten markiert worden war. Der Hallenbau dürfte als Magazin zur Aufbewahrung von Waffen und militärischem Ausrüstungsgerät gedient haben. Eine früher angenommene Deutung als Werkstätte *(fabrica)* wird inzwischen von der Forschung abgelehnt.

Wahrscheinlich Mitte des 3. Jhs. gestaltete man die Halle zu einem Firstbau mit einer mittleren Pfostenreihe um. Gleichzeitig füllte man den bis dahin vorhandenen Spalt zwischen Lagermauer und Hallenwand mit Handquadern. Die Innenwände des mindestens 7 m hohen, eingeschossigen Baus waren verputzt und mit farbigen Rechtecken bemalt. Ende des 3. Jhs. fiel das Gebäude wohl den Alamannenstürmen zum Opfer. Die an dieser Stelle insgesamt 4,6 m starke Befestigungsmauer blieb erhal-

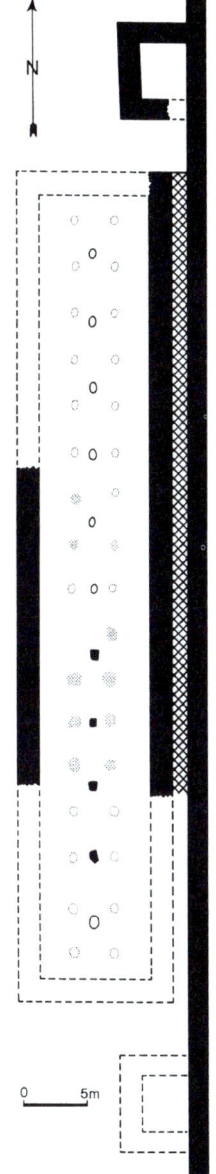

ten. In ihr entdeckten die Archäologen zwei **Grabnischen** (1,4 x 2 m), die möglicherweise als Bestattungsplätze für agilolfingische Adelige (Herzöge?) des 6./7. Jhs. zu deuten sind.

Auch einer der ursprünglich insgesamt 18 Zwischentürme der Befestigung des Legionslagers wurde bei der Grabung freigelegt (heute nicht mehr sichtbar). Die Türme hatten einen quadratischen Grundriss von 8 m Seitenlänge. Fünf von ihnen waren im Osten so in die Mauer eingebaut, dass ihre Außenseite mit der Mauerfläche abschloss.

Der Zugang zur Römermauer unter dem Parkhaus beherbergt eine Multimedia-Station, über die mehrere Filmsequenzen zur Mauer und ihrer Geschichte jederzeit abgerufen werden können. Eine **virtuelle Rekonstruktion des Legionslagers** vermittelt wissenschaftlich fundiert eine lebendige Vorstellung vom Aussehen der Militäranlage.

Nur wenige Meter weiter nördlich (Dachauplatz) öffnete sich in der Mauer das Osttor des Lagers, die *porta principalis dextra*.

Wie bei römischen Lagern üblich, war auch *Castra Regina* durch vier Tore zu betreten. Neben der *porta principalis dextra* gab es noch die *porta principalis sinistra* (Westtor, an der Einmündung des Neupfarrplatzes in die Gesandtenstraße, s. S. 86ff.), die *porta decumana* (Südtor, etwa an der heutigen Kreuzung St.-Peters-Weg / Fröhliche-Türken-Straße, im Mittelalter Weih-St.-Peterstor genannt) und schließlich im Norden die *porta praetoria* (s. S. 72ff.). Vor den Toranlagen gab es jeweils eine Grabenbrücke.

Langgestreckter Hallenbau an der Innenseite der östlichen Lagermauer

Im Jahr 1873 entdeckte man beim Neubau der Karmelitenbrauerei (Ecke D.-Martin-Luther-Straße/Drei-Kronen-Gasse) die Reste des römischen Osttores. In den Fundamenten, die auf einer Fläche von ca. 10 x 10 m freigelegt wurden, fand der Regensburger Römerforscher Joseph Dahlem zwei Fragmente einer monumentalen Bauinschrift, aus deren Text sich das Weihedatum des Lagers, nämlich das Jahr 179 n. Chr., erschließen lässt (s. S. 25f.). An der Stelle des ehemaligen Römertores, dessen Aussehen wir nicht kennen, hatte sich im Mittelalter das so genannte Schwarze Burgtor befunden, das 1809 so stark beschädigt wurde, dass man es kurz darauf abbrach.

In römischer Zeit führte von der *porta principalis dextra* die *via principalis* in das Lager. Als eine der Hauptverkehrsachsen erschloss sie die Kaserne in Ost-West-Richtung; ihre Verlängerung verband das West- und das Osttor mit der Zivilsiedlung.

Die ca. 8 m breite, mit Steinplatten gepflasterte Straße wurde – ähnlich wie auch die *via praetoria* (Nord-Süd-Achse) – auf beiden Seiten von **Säulengängen** *(porticus)* flankiert, die mit Ziegeldächern gedeckt waren. Bei Tiefbauarbeiten wurden mehrere Basen der ca. 5 m hohen Steinsäulen sowie der Schutt der Dachziegel gefunden. Einen – wenngleich nur sehr eingeschränkten – Eindruck der Monumentalität der Säulen können die Nachbildungen vor dem Eingang des Historischen Museums ❺ (auf der Ostseite des Dachauplatzes) vermitteln.

Weiter Richtung Norden treten uns in den Hausmauern der westlichen Bebauung der Adolph-Kolping-Straße ❻ die **Quadersteine der Römermauer** noch in großer Zahl entgegen. Auch hier bildete die römische Mauer bis in das 14. Jh. die Stadtbefestigung; erst zu dieser Zeit kam es zur Stadterweiterung im Osten. Die Römermauer gab allerdings weiter die Baulinie für die Häuser vor, eine Grenze, die nur von der mittelalterlichen Kirche St. Paul (heute nicht mehr als Kirche genutzt) negiert wird.

Die etwas westlich, parallel zur Adolph-Kolping-Straße verlaufende Erhardigasse liegt bereits im Lagerinneren und folgt dem Verlauf der ehemaligen *via sagularis*, also der Straße, von der aus die römische Umwehrung erschlossen wurde. Die hier deutlich bemerkbare Niveauerhöhung hängt auch mit den Resten des Erdwalls *(agger)* an der Mauerinnenseite zusammen.

Am Nordende der Adolph-Kolping-Straße biegt die römische Umwehrung sodann nach Westen.

❼ Nordostecke der Lagerummauerung – St.-Georgen-Platz

An der 1905 aufgedeckten **Nordostecke der Lagerbefestigung** sind die römischen Steinquader noch in Höhe von mehreren Metern vorhanden. Die Kalkblöcke weisen starke Spuren der Verwitterung sowie zahlreicher Umbaumaßnahmen auf. Vom ursprünglichen Mauerverband hat sich hier nur sehr wenig erhalten. Der ehemals nach außen vorspringende Eckturm lässt sich kaum mehr erahnen.

An dieser Stelle entdeckte man einen auf einer Länge von 11 m noch völlig intakten römischen Abwasserkanal. Er lief unter der Mauer in Richtung Donau. Der Schacht war 80 cm breit, 1,8 m hoch und mit Kalksteinplatten abgedeckt. Auch an der Nordwestecke und im Lagerinneren wurden Reste der ehemaligen Kanalisation freigelegt. In Randbereichen der Militärlager fanden sich häufig die Gemeinschaftslatrinen für die Soldaten. Sie konnten allerdings für *Castra Regina* bisher archäologisch noch nicht nachgewiesen werden. Die hygienischen Bedürfnisse der ca. 6000 Soldaten, die auf engstem Raum zusammenleben mussten, erforderten ein gut funktionierendes Kanalisationsnetz innerhalb der Großkaserne. Nur so konnten verheerende Seuchen verhindert werden. Die Frischwasserversorgung erfolgte durch Brunnen und den in der westlichen Lagerhälfte verlaufenden Vitusbach.

Die Straße Unter den Schwibbögen läuft geradlinig parallel zur Donau. Sie orientiert sich an der nördlichen Lagermauer. Vereinzelt finden sich in den Kellern der Häuser an der Südseite der Straße noch römische Quadersteine. Ob auch die Nordseite des Lagers mit einem Graben gesichert war, konnte von der Forschung noch nicht geklärt werden. Wahrscheinlich ist, dass die Donau, die damals unmittelbar vor der Mauer vorbei floss, diese Maßnahme überflüssig erscheinen ließ.

Nach ca. 200 m stößt man hier auf einen imposanten Torbau, die Porta Praetoria.

Wahrzeichen des römischen Regensburg: die Porta Praetoria

Virtuelle Rekonstruktion der Baustelle der Porta Praetoria

❽ Porta Praetoria

Die **Toranlage**, die als Wahrzeichen des römischen Regensburg gelten darf, stellt den besterhaltenen Teil der Festungsan-
lage dar. In ihrer Monumentalität findet sie in Deutschland nur
in der Porta Nigra in Trier ein Gegenstück. In nachrömischer Zeit
erfüllte sie bis ins 17. Jh. als so genanntes „Wassertor" (d. h.
an der Donau gelegen) die Funktion eines Zugangs in die Stadt.
Dann aber geriet sie, in das bischöfliche Brauhaus eingebaut, für
etwa zwei Jahrhunderte in Vergessenheit. Erst 1885 wurde sie
beim Abbruch eines Hauses freigelegt und in der heutigen Form
konserviert.

Die Ähnlichkeit mit der Porta Nigra – wenn dieser Torbau auch
mehr als doppelt so groß ist – kann uns ein Bild vom ursprünglichen Aussehen der Regensburger Toranlage vermitteln. Die
einstmals wohl dreigeschossige Toranlage besaß zwei Durch-
gänge und wurde durch zwei halbrunde Türme nach außen verstärkt.

Der **östliche Torturm** ist noch in einer Höhe von 11 m erhalten.
Die abgerundeten Flankentürme mit einer Bogenfensterreihe im
Obergeschoss sprangen etwa 2 m vor, waren 7 m breit und ca.
20 m hoch (vielleicht oben mit Zinnen bestückt).

Verschiedene architektonische Elemente – Pilaster, Kapitelle –
gliederten die Turmaußenseite. Als Gegengewicht zur vertika-
len Strukturierung des gesamten Turms durch die senkrechten

Porta Praetoria. – Ergänzungsvorschlag nach den Untersuchungen von K. Schwarz

Wandvorlagen dienten die Arkaden und ein horizontales Gesims. Wie jüngste Bauforschungen ergaben, wurde die architektonische Gliederung niemals fertig gestellt. Die Frage nach dem Warum kann nur durch reine Spekulation beantwortet werden.

Die **Torbögen** zwischen den Flankentürmen hatten eine einstige Innenhöhe von ca. 6 m. Darüber lag ein Mittelgeschoss mit offenen Bogenfenstern. Trotz der starken Verwitterung ist der keilförmige Zuschnitt der den Bogen der Durchfahrt bildenden 13 Steinquader noch gut zu sehen. War der letzte, mittlere Stein (Schlussstein) eingesetzt, so hielt der Bogen durch den gegenseitigen Druck der Quader von selbst.

Zwischen vorhandenem Turm und der Durchfahrt befand sich der zweite, gleich große Torbogen, der jedoch – möglicherweise schon nach Zerstörungen in den 80er-Jahren des 3. Jhs. – zugemauert wurde. Die in der Nordwand des Bischofshofs, 7 m neben dem erhaltenen Bogen freigelegten Quadersteine gehören bereits wieder zur Lagermauer, die sich hier direkt in der Hausflucht nach Westen fortsetzt. Wie die Toranlage im Inneren ausgesehen hat, wissen wir nicht. Wahrscheinlich ist ein geschlossener Torhof mit einem zweiten Innentor anzunehmen, wodurch das Eindringen der Feinde sehr erschwert wurde. Die Toröffnungen waren sicherlich mit hölzernen Türflügeln zu verschließen.

Bei einem Umbau des Hauses Unter den Schwibbögen 2, östlich der Zufahrt zum Bischofshof, konnten im Inneren des heute zur Hotelanlage gehörigen Gebäudes **Reste der Lagermauer** konserviert werden. Dabei entdeckten die Bauforscher in einer Höhe von ca. 4,5 m eine Steinreihe mit einer Auskragung nach außen. Möglicherweise verlief in dieser Höhe zumindest in der ersten Bauphase auf der Innenseite der Wehrgang.

Westlich der Porta Praetoria sowie an der Südseite des Lagers sind keine weiteren Mauerteile obertägig erhalten. Wir kennen nicht einmal den exakten Verlauf der Westmauer, allerdings ist er wohl zwischen der Wahlenstraße und der Oberen und Unteren Bachgasse zu erschließen. Die Nordwest- sowie die Südwestecke der Umwehrung lassen sich noch am Kohlenmarkt (Gebäudeabschrägung an der Südostseite des Platzes) und an der gerundeten Baulinie des Hauses An der Hülling 1 nachvollziehen. Die Südfront lief entlang der Straße Am Petersweg bzw. Fuchsengang. Dort finden sich in den Hauskellern noch umfangreiche Spuren der römischen Befestigung.

ROUTE 2
Das Innere des Legionslagers

Beginnend im Nordostviertel des einstigen Legionslagers beim document Niedermünster, führt dieser Spaziergang ins Zentrum des Lagers und zum document Neupfarrplatz. Digitale Rekonstruktionen veranschaulichen die verschiedenen Bauphasen, die sich im Laufe der Zeit ablösten, überlagerten und aufeinander aufbauten.

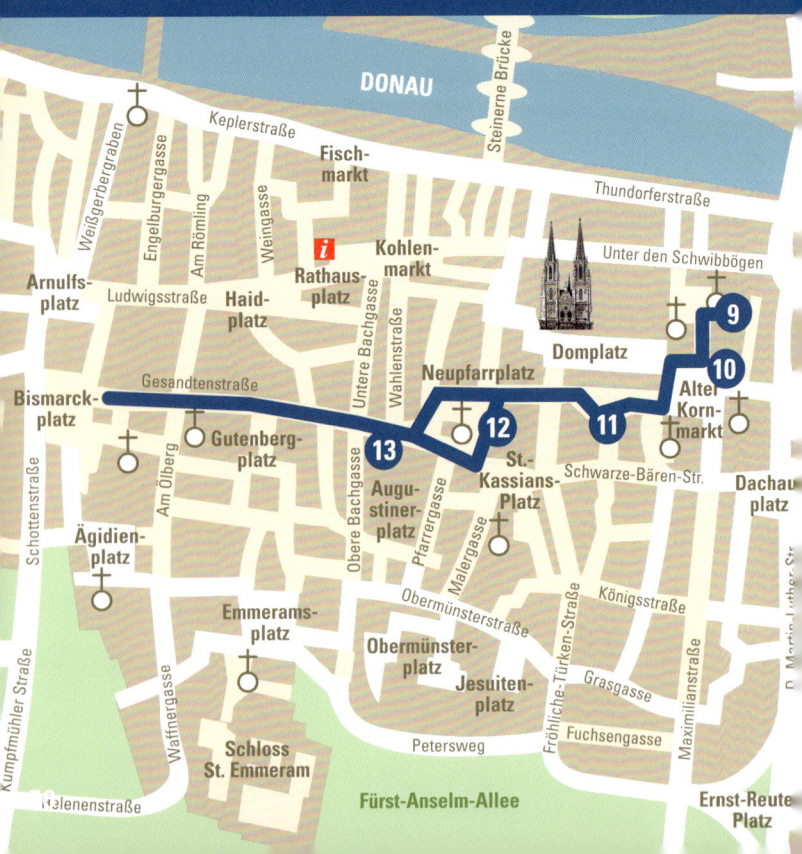

Wie eingangs gezeigt, kennen wir den Verlauf der römischen Befestigungsmauer in weiten Teilen sehr gut. Für das Lagerinnere jedoch stellt sich der Kenntnisstand keineswegs so günstig dar. Die wenigen in situ erhaltenen und zugänglichen römischen Überreste konzentrieren sich auf ein paar Fundplätze. Der Grund dafür liegt in der über die Jahrhunderte hinweg weitgehend intakt gebliebenen Bausubstanz des mittelalterlichen Regensburg. Da sich die Stadt seit dem frühen Mittelalter sozusagen aus dem Legionslager heraus entwickelte, die römische Militäranlage also den Kern der Siedlung darstellte, sitzen die Bauten des heutigen Welterbes auf den römischen Überresten. Manchmal ist das sogar wörtlich zu verstehen, bilden doch römische Fundamente bzw. Mauerreste nicht selten die Grundmauern mittelalterlicher Gebäude. Nur bei Bodeneingriffen im Altstadtkern bzw. Hausreparaturen, -sanierungen oder -umbaumaßnahmen ergibt sich so für die Archäologen die seltene Gelegenheit, punktuell bis in den römischen Untergrund zu schauen.

Die dabei in den oft nur wenige Quadratmeter großen, jedoch bis zu 8 m tiefen Baugruben zutage tretenden Mauerreste müssen dann mühsam wie ein Puzzle, das den gesamten Altstadtbereich umfasst, zusammengesetzt und gedeutet

werden. Für die Öffentlichkeit bleiben nur an wenigen Stellen „Fenster in die Vergangenheit" sichtbar, die allerdings durchaus eindrucksvolle Blicke in die Römerzeit ermöglichen. Auf dem Rundgang 2 besuchen wir etliche dieser „Fenster".

Die Route beginnt im Nordostviertel des Legionslagers bei der Kirche des ehemaligen adeligen Damenstiftes Niedermünster.

❾ document Niedermünster

Besichtigung nur mit Führung
Anmeldung im Info-Zentrum:
Domplatz 5, Tel. 0941/597-1660
Weiterführende Informationen:
www.document-niedermuenster.de

Sichtbare Überreste

→ **Römerzeit**: Geringe Reste militärischer Unterkunftsbauten (mehrere Bauphasen des 2. bis 5. Jhs.).

→ **Mittelalter**: Reste der um 700 entstandenen Kirche Niedermünster I mit An- und Umbauten aus dem 8./9. Jh. sowie der Mitte des 10. Jhs. von Herzog Heinrich I. errichteten ottonischen Basilika. An der Nordwand der Kirchen zwei Bestattungen: Hl. Erhard (Tuffplattengrab um 700, steinerne Confessio, 11. Jh.), daneben ein leerer Steinsarkophag mit unbekannter Bestimmung. – Im „Herzogsraum": Kalksteinsarkophag [in situ] Herzog Heinrichs I. (gest. 955). Grabplätze weiterer Mitglieder der bairischen Herzogsfamilie (u. a. Herzogin Judith, gest. 976, Herzogin Gisela, gest. 1006).

Der 1963 geplante und begonnene Einbau einer Fußbodenheizung in das Kirchenschiff erbrachte einen spektakulären archäologischen Befund. Fünf Jahre waren Wissenschaftler damit beschäftigt, umfängliche Mauerreste, zahllose Gräber, Kisten füllende Mengen an Keramik und andere Kleinfunde freizulegen und wissenschaftlich zu erfassen. Im Anschluss daran wurde ein wesentlicher Teil des Befundes in einem Untergeschoss konserviert und damit ein faszinierender **Einblick in die fast 2000-jährige Geschichte** des ca. 900 m² großen Areals ermöglicht. Die erhaltenen Mauerreste gehören zu zwei mittelalterlichen Kirchenbauten sowie den unter diesen liegenden Kasernenhäusern der Römerzeit. Der Befund ist von herausragender Bedeutung hinsichtlich der Frage eines bruchlosen Übergangs von der Zeit

![Blick in den geöffneten Fußboden der Niedermünsterkirche während der Ausgrabung]

Blick in den geöffneten Fußboden der Niedermünsterkirche während der Ausgrabung

der Spätantike (4./5. Jh.) in das frühe Mittelalter (6./7. Jh.). Er strahlt damit weit über den eigentlichen Ort, ja über Regensburg hinaus und lässt das archäologische Untergeschoss unter dem Niedermünster zu einem wichtigen Zeugnis der frühen Geschichte Baierns werden.

Das römische Niveau liegt als unterste Kulturschicht etwa 3 m unter dem heutigen Kirchenfußboden. Hier, im Nordostviertel des Legionslagers, nur wenige Meter von der nördlichen Befestigungsmauer entfernt, standen zwischen zwei Nord-Süd-gerichteten Lagergassen **Unterkunftsbauten für die Soldaten**. Die Gebäude wurden bei der Grabung nur in wenigen Resten (Pfostenlöcher, Fußböden, Fundamentreste) freigelegt; die aufgefun-

Virtuelle Rekonstruktion mit Blick auf die Mannschaftsbaracken und auf die via sagularis

denen Spuren weisen nach neuesten Erkenntnissen auf vier römische Bauphasen hin. Nachdem man die ersten Soldatenunterkünfte bei der Gründung des Lagers um 179 n. Chr. nur als einfache Holzbauten errichtet hatte, ersetzte man sie Mitte des 3. Jhs. nach einem Brand durch Fachwerkbauten auf Steinsockeln, die man gegenüber den Erstbauten auch räumlich etwas verschob.

Wir müssen uns diese Unterkünfte der einfachen Soldaten als etwa 60 m lange und 10 m breite Häuser vorstellen, die im Inneren durch Zwischenwände in einzelne Raumgruppen unterteilt waren. Jeweils zwei solcher Kasernenbauten waren mit der Rückseite aneinandergebaut und besaßen an den Längsseiten, die den Lagergassen zugewandt waren, eine schindelgedeckte Holzveranda. Von hier konnte man die Wohnungen der Soldaten betreten. Ca. 80 Mann (Kampftruppe einer *centuria*) mussten sich ein solches Unterkunftshaus teilen, wobei jeweils acht Mann eine Stubengemeinschaft *(contubernium)* bildeten und zwei hintereinanderliegende Räume (ca. 18 m²) zur Verfügung hatten. Der Vorraum *(arma)* diente zur Ablage von Waffen und Gepäck. Die hintere Wohnstube *(papilio)* wurde durch ein Oberlicht schummrig erhellt, in ihr gab es eine gemauerte Feuerstelle mit Kamin. Was noch an Platz übrig war, benötigte man weitgehend für die Schlafstellen der Soldaten – wohl Stockbetten.

Am Kopfende der Kasernenbauten waren die bedeutend luxuriöseren **Wohnstätten der Hundertschaftsführer** *(centuriones)* angebaut. Die ca. 12,5 x 20 m großen Häuser waren im Bereich Niedermünster nach Norden zur Mauer hin ausgerichtet und wiesen mehrere Räume auf, die mit der typisch römischen Warmluft-Unterbodenheizung *(hypokaustum)* ausgestattet waren. Der eigentliche aus Ziegelplatten *(suspensurae)* bestehende und mit

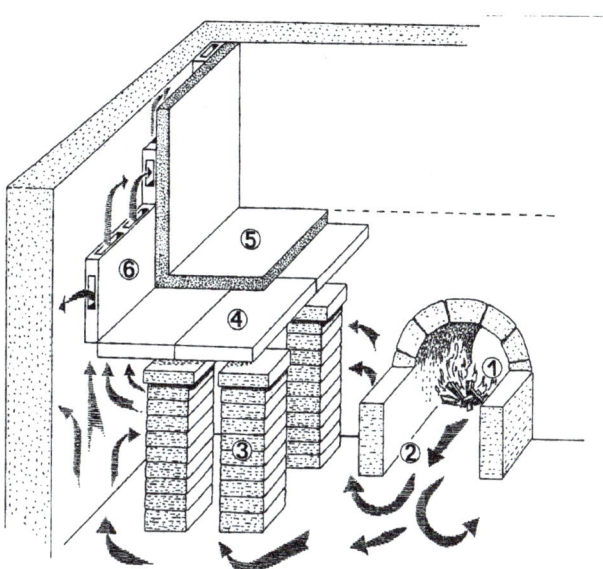

Hypokausten-Heizung: 1 Feuerungsraum (praefurnium); 2 Heizkanal; 3 Hypokaustpfeiler; 4 Suspensuraplatten (Ziegel oder Naturstein); 5 Fußboden; 6 Wandheizungsziegel (tubuli)

einem Estrich versehene Fußboden ruhte dabei auf Pfeilern aus Bruchstein oder Ziegeln. Durch den so entstandenen Hohlraum, etwa 50 cm hoch, leitete man die Heißluft eines Feuers, das in einer Heizgrube *(praefurnium)* außerhalb des Hauses geschürt wurde. Die Luftzirkulation wurde durch ein kompliziertes System von Wandkanälen aus Ziegeln, die oben in Eckkaminen nach außen mündeten, aufrechterhalten. So konnten die Zimmer ruß- und staubfrei gleichmäßig auf 20–22°C temperiert werden.

Die Rückwände der zwei zu einer Doppelunterkunft gehörenden Zenturionenhäuser waren nicht aneinandergebaut, sondern durch einen 1,5 m breiten Korridor getrennt, der als gemeinsamer Zugang diente. Während unter dem Niedermünster der Befund dieser Offizierswohnungen stark verunklärt war, konnten sie bei einer Grabung Anfang der 80er-Jahre im südöstlichen Lagerbereich (Grasgasse) sehr gut erforscht werden.

Nach einem erneuten Flächenbrand im Legionslager um 280 wurden die Kasernenbauten unter dem Niedermünster erst Jahrzehnte später, im ersten Drittel des 4. Jhs., wieder aufge-

baut. Allerdings stellte man nur so viel Raum wieder her, wie zur Unterbringung der in Regensburg verbliebenen „Restlegion" benötigt wurde. In der Regierungszeit des Kaisers Valentinian (364–375 n. Chr.) erfolgte ein struktureller Umbau, bei dem die westliche Lagergasse zum Teil überbaut wurde. Anstelle der ehemaligen Kasernenbauten entstand ein hochwertiges Haus mit mehreren Räumen. Sie waren um einen Hof gruppiert und mit Fußbodenheizung ausgestattet. Dieses Gebäude war bis in das 5. Jh. hinein bewohnt. Möglicherweise diente es als Wohngebäude für die Familie eines ranghohen römischen Offiziers, der dem Stab des *dux Raetiae* (spätantiker Kommandeur der raetischen Truppen) angehört haben könnte. In der Mitte bzw. der zweiten Hälfte des 5. Jhs. wurde das Gebäude systematisch demontiert und das Gelände zum Teil einplaniert. Erst im Zusammenhang mit dieser Maßnahme treten unter dem Niedermünster germanische Funde in nennenswerter Zahl auf.

In der Folgezeit war das Gelände weitgehend verlassen und wurde höchstens landwirtschaftlich genutzt. Vereinzelt nachgewiesene Pfostenkonstruktionen deuten auf die Errichtung von Gebäuden in Leichtbauweise hin. Die Funde sprechen dafür, dass Germanen sowie die Nachfahren der provinzialen Bevölkerung, Romanen, in diesen Hütten gelebt haben. Erst um 700 setzt mit der ersten Kirche unter dem Niedermünster wieder eine feste Bebauung des Areals ein. Der geostete Kirchenbau orientierte sich in seinen Ausmaßen an dem damals noch sichtbaren Verlauf der Lagergassen sowie der sie begrenzenden römischen Mauerfluchten.

An der Nordseite der Kirche, die bis Mitte des 10. Jhs. bestand und im Laufe der Zeit in eine Klosterkirche umgebaut wurde, fand u. a. der hl. Erhard († um 700) seine letzte Ruhestätte. Eventuell gehörte die Kirche zur agilolfingischen Herzogspfalz, worauf eine **mögliche Herzoggrablege** (Herzog Theodo II., vor 665 – um 717) im Chor sowie Anbauten im Norden des Gotteshauses hindeuten könnten. Über eine um 955 von Herzog Heinrich I. erbaute, mächtige neue Kirchenanlage (mit Herzogsgräbern) führt die Traditionslinie der Bauten hin zur heute noch vorhandenen Niedermünsterkirche, die Mitte des 12. Jhs. entstand.

Nach dem Verlassen der Niedermünsterkirche gehen wir weiter in Richtung Zentrum des Legionslagers.

⑩ Alter Kornmarkt

Im Jahr 1901 konnte der Regensburger Lokalforscher Hugo Graf von Walderdorff im südöstlichen Viertel des Platzes (zwischen Alter Kapelle und Herzogshof) relativ umfangreiche römische Baureste aufdecken, von denen allerdings heute keinerlei Spuren mehr sichtbar sind. Walderdorff glaubte, auf dem Alten Kornmarkt das Wohnhaus des Kommandanten *(praetorium)* der III. Italischen Legion gefunden zu haben.

Heute geht die Forschung davon aus, dass es sich bei dem Befund um mehrere, zeitlich aufeinander folgende Gebäude handelt. Möglicherweise hatte hier an der *via principalis* ursprünglich das **Soldatenbad** seinen Platz. Die freigelegten Reste von hypokaustierten Räumen und mehreren z. T. wasserdicht ausgekleideten Kanälen und Becken könnten so interpretiert werden. Diese mutmaßliche Therme wurde offenbar in der zweiten Hälfte des 3. Jhs. weitgehend zerstört, das Gelände anschließend etwa einen Meter aufplaniert. Danach errichtete man an dieser Stelle einen neuen, mehrräumigen und vornehm ausgestatteten Bau mit ornamentierten Ziegelfußböden und gefliesten Wänden. Die Reste von Wandmalereien, Fußboden- und Wandheizung sowie eines monumentalen steinernen Portals unterstreichen den herausragenden Charakter des Gebäudes. Diese Bauphase wird – wobei hier große Vorsicht angebracht scheint – in die erste Hälfte des 4. Jhs. datiert. Die Annahme, dass es sich hierbei um den Sitz des spätrömischen Präfekten, also des Oberbefehlshabers der in der Spätantike stationierten Militäreinheit, handelt, ist sehr spekulativ.

Eine 35 m lange und mit 2,60 m außerordentlich dicke Mauer dokumentiert einen weiteren massiven Umbau des Gebäudes. Die Forschung ordnet diese Maßnahme um die Mitte des 4. Jhs. ein. Ob wir hier die Reste eines spätantiken Kleinkastells *(burgus)*, das die letzten in Regensburg stationierten römischen Truppen beherbergte, vor uns haben, kann nicht bewiesen werden. In einer allerletzten Phase soll das Areal dann unter einfachen Bedingungen bis in das 5. Jh. weitergenutzt worden sein, worauf angeblich primitive Feuerstellen hindeuten.

Insgesamt bleibt festzuhalten, dass der von Walderdorff aufgedeckte Befund bisher weder in der zeitlichen Einordnung noch der Baufolge und vor allem nicht in seiner Funktion mit

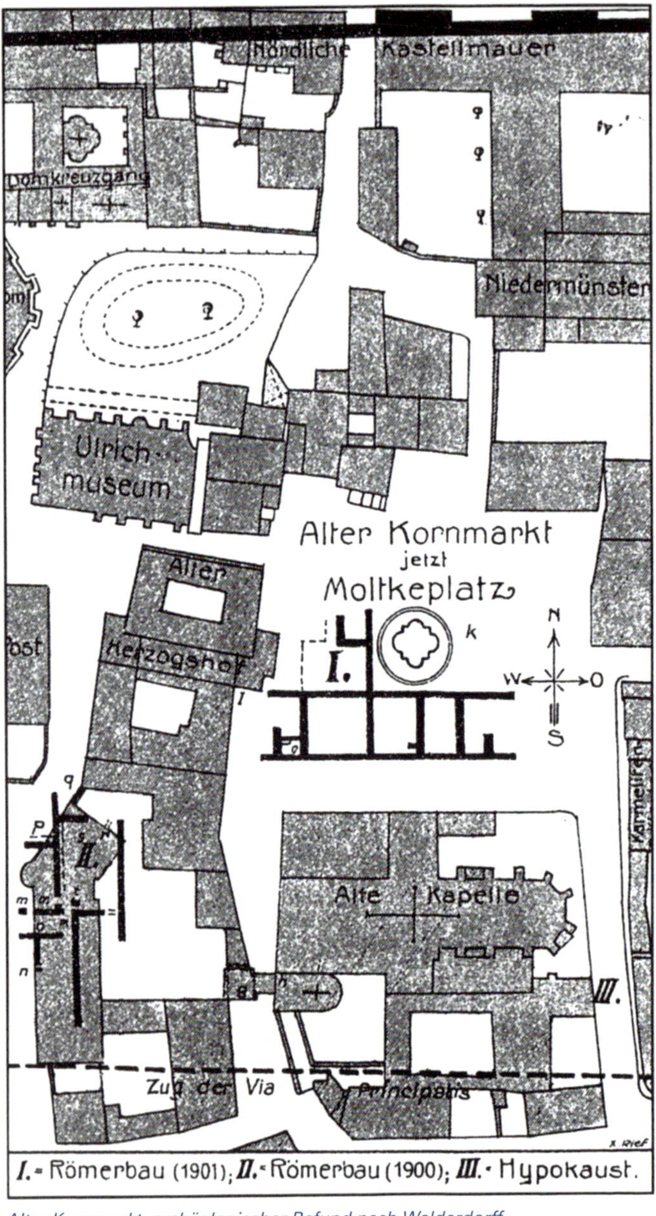

Alter Kornmarkt, archäologischer Befund nach Walderdorff

einem Grad an Sicherheit gedeutet werden kann, der über bloße Spekulation hinausgeht. Nahe des Zentrums des Legionslagers, in einem Bereich, der von Verwaltungs- oder Versorgungsbauten bestimmt gewesen sein dürfte, erstaunt das Vorhandensein von massivem und damit repräsentativem Mauerwerk nicht, ohne eine sichere Identifizierung alleine auf Grund der Lage zu ermöglichen.

Südwestlich des Alten Kornmarktes, im Haus Salzburger Gasse 1, findet sich eine sichtbar eingemauerte **Türlaibung**. ⑪ Ihre massiven Tuffsteinwangen bestehen aus Teilen von ursprünglich drei römischen Türstöcken, die im Jahr 1900 ganz in der Nähe beim Neubau des Seminars der Alten Kapelle in mehreren Metern Tiefe gefunden wurden. Die Eingänge gehörten zu einer etwa 12 m breiten und 22 m langen Halle, die möglicherweise Bestandteil des oben erwähnten mutmaßlichen Thermenkomplexes war.

Römischer Türstock in der Salzburgergasse

Nur wenige Meter weiter südlich – Ecke Weißbräuhausgasse/ Weiße-Lilien-Straße – vermuten wir die Stabsgebäude *(principia)* sowie den Wohnbereich des Befehlshabers der Legion bzw. des Lagerpräfekten *(praetorium;* s. S. 30f.). Die hier mehrfach bei Baumaßnahmen zu Tage getretenen Architekturteile, Säulenstümpfe und Steinquader lassen auf eine monumentale Ausstattung des Verwaltungszentrums schließen.

Unser Weg führt uns weiter in Richtung Westen, zum Neupfarrplatz.

⓬ Neupfarrplatz

Mehrere Meter unter dem heutigen Platzniveau – zum Teil unter der heutigen Neupfarrkirche – verlief der westliche Arm der *via principalis*. Etwa auf Höhe der Einmündung des Neupfarrplatzes in die Gesandtenstraße erreichte die Straße die *porta principalis sinistra*, das Westtor des Lagers. Bei archäologischen Untersuchungen in den Jahren 1995–97 schnitt man das römische Straßenbett an und markierte daraufhin den **Verlauf der Trasse** mit hellen Marmorstreifen im Platzbelag.

Die damals unternommenen Grabungen galten vor allem der Untersuchung des 1519 völlig zerstörten jüdischen Viertels von Regensburg, das sich seit dem Mittelalter etwa im Ausmaß des heutigen Platzes um die Synagoge (westlich der heutigen Neupfarrkirche) gebildet hatte.

Das ehemalige römische Niveau liegt unterhalb der jüdischen Keller, bis zu 7,5 m unter dem heutigen Platz. Auf Grund dieser Situation konnte die römische Schicht bei den Grabungen nur an wenigen Stellen und in sehr kleinen Ausschnitten erreicht werden.

⓭ document Neupfarrplatz

Wenige Meter unter dem Straßenniveau öffnet sich in einem begehbaren Untergeschoss ein faszinierender Blick in die Geschichte des Neupfarrplatzes.

Zwar liegt das Hauptaugenmerk hier sicherlich auf mehreren gut erhaltenen romanischen Kellerräumen aus dem 12.–14. Jh., aber unterhalb dieser mittelalterlichen Bausubstanz, ca. 5 m unter dem heutigen Laufniveau, werden in zwei kleinen Schnitten in rechtem Winkel verlaufende römische Mauern (Höhe ca. 40 cm) sichtbar. Es handelt sich um die **Fundamente eines Gebäudes der letzten römischen Bauphase** (evtl. 4. Jh.). Drei Bodenkacheln zeigen uns das ehemalige Fußbodenniveau; Aussehen und Größe des Hauses bleiben allerdings verborgen. Was die mögliche Funktion des Baues angeht, so kann vielleicht seine Position innerhalb des Legionslagers einen Anhaltspunkt geben: In diesem Bereich des Bebauungsstreifens nördlich der *via principalis*, dem *scamnum tribunorum*, standen üblicherweise die

Ein faszinierender Blick in die Geschichte: das document Neupfarrplatz

Wohnhäuser der Stabsoffiziere *(tribunus laticlavius, tribuni angusticlavii, praefectus castrorum)*. Wenn auch die exakte Zuordnung des Gebäudes offen bleiben muss, so deuten doch eine kleine bronzene Merkurfigur, die vielleicht einst in einem Hausheiligtum *(lararium)* Platz fand, sowie die Qualität der Fußböden auf einen Bewohner, der einer höheren Gesellschaftsschicht angehörte.

Eingang an der Nordseite direkt neben dem Sockel der Kirche. Nur mit Führung zu besichtigen. Turnusführungen für Einzelbesucher: Do.–Sa. 14:30 Uhr, Juli und August zusätzlich So., Mo. 14:30 Uhr. Anmeldung für Gruppen unter 0941/507-3442

Durch das Westtor führt die Verlängerung der *via principalis* in die *canabae legionis* (s. S. 32ff.). Eine weitere Straßenverbindung zog wohl von der *porta praetoria* außen an der Nordmauer des Lagers entlang und erreichte etwa auf Höhe des Rathausplatzes die Zivilsiedlung. Zumindest in der Spätantike, nach Aufgabe der *canabae*, reihten sich an diesem Weg römische Gräber, deren Spuren man bei Grabungen unter dem Alten Rathaus sowie am Haidplatz entdeckte.

Interessanterweise fanden sich jüngst auch entlang der nach Osten verlaufenden Straße außerhalb der Lagermauer im Bereich des heutigen Donaumarktes mehrere Gräber, die der späten Phase des römischen Regensburg angehören.

ROUTE 3
Römische Spuren außerhalb des Legionslagers

Der dritte Spaziergang führt uns aus dem Lager heraus und in die Zivilsiedlung: Im heutigen Velodrom sind die Reste einer Fußbodenheizung zu sehen, die dem bisher größten bekannten Gebäude der Lagervorstadt angehören. Putzfragmente aus einem Steinbau im Süden der *canabae* machen den teils recht gehobenen Wohnstandard erfahrbar.

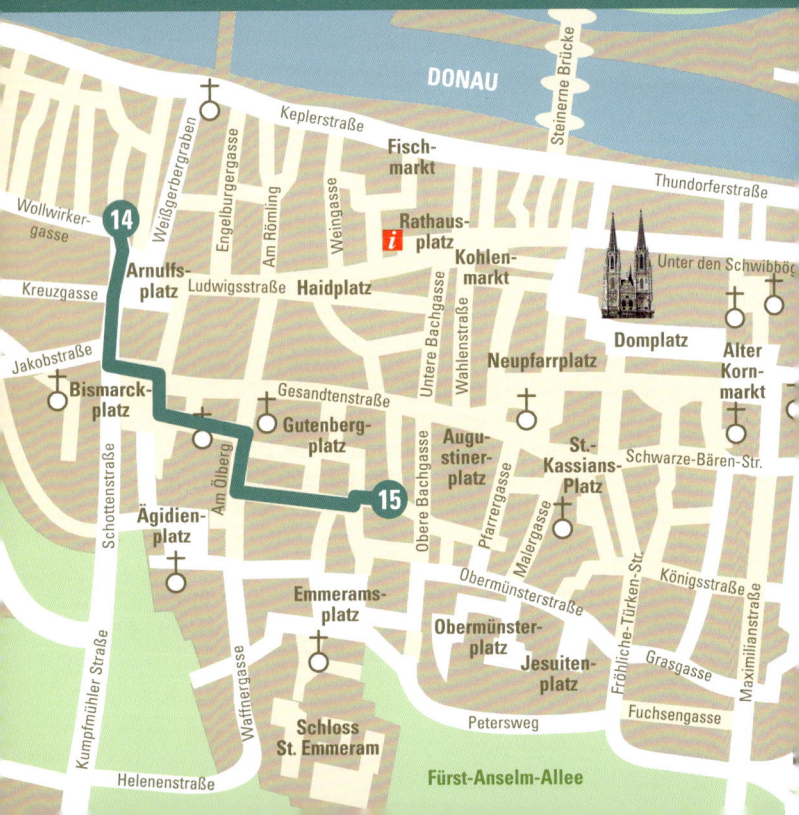

Schauraum im Untergeschoss des Velodroms mit Blick auf die Fußboden-heizung

Damit haben wir den eigentlichen Lagerbereich auch schon verlassen und bewegen uns nun auf dem Areal der einstigen Zivilsiedlung (s. S. 32ff.). Sie war gleichzeitig mit dem Legionslager entstanden und zum Lebensort für diejenigen geworden, die die Soldaten begleiteten. Hier fanden sich Handwerker, Gewerbetreibende, Gastwirte, aber auch Frauen und Kinder. Im Laufe der Zeit erhielten auch die höheren Dienstgrade der Soldaten das Recht, zumindest in Friedenszeiten außerhalb der Kaserne zu leben. Lassen Sie sich von dem lateinischen Wort *canabae*, mit dem man eine solche Siedlung bezeichnet, nicht täuschen: Es war keineswegs eine „Budensiedlung", wie man es ins Deutsche übersetzen müsste, was sich da um das gesamte Lager herum zog. Im Laufe der Zeit entwickelte sich vor allem im Westen und Osten des Legionskastells eine Ansammlung von Wohnhäusern mit Läden und Werkstätten, öffentlichen Gebäuden und Tempeln, die durchaus städtisches Gepräge besaß.

Gehen wir nun zunächst in den westlichen Teil der Zivilsiedlung in Richtung Arnulfsplatz.

⑭ Velodrom

Die 1897 erbaute Veranstaltungshalle wurde in den Jahren 1997/98 saniert; eine dabei erforderliche archäologische Grabung erbrachte interessante Befunde: Nach ca. 2 m dicken Auffüllschichten aus dem Mittelalter und der Neuzeit stieß man in dem insgesamt 93 m² großen Grabungsareal auf die Überreste eines römischen Gebäudes, von dem zwei Räume ausschnittsweise erfasst wurden.

Kreuzgasse 5, Zugang vom Arnulfsplatz, Durchgang rechts neben Gaststätte Kneitinger; Schauraum unter dem Foyer; zu besichtigen während der Öffnungszeiten des Velodroms

In einem davon entdeckte man in einem Schuttpaket, in dem sich grün und rot bemalte Putzfragmente fanden, die Reste einer **Fußbodenheizung**. Die Hypokaustpfeiler bestanden aus 21 x 12 cm großen, ca. 4 cm dicken Ziegelplatten, die zum Teil noch bis zu sieben Lagen hoch erhalten waren. Sie standen auf einem mit Ruß und Asche bedeckten Estrich in der Nordhälfte des Grabungsbereiches. Vor der Südwand des römischen Gebäudes fanden sich noch in Originallage vier zu diesem Heizungssystem gehörende Röhrenziegel *(tubuli),* die einst die Raumwände erwärmten. Der eigentliche Erdgeschossboden war nicht mehr vorhanden; allerdings entdeckte man einige der Fußbodenplatten, die ursprünglich auf den ca. zehn Lagen hohen Ziegelpfeilern auflagen (zur Heizung s. S. 80f.). Die Räume sowie das Heizungssystem wurden mehrmals umgebaut. In ihrer letzten Nutzungsphase wurden die Räume von Westen her über Heizkanäle erwärmt.

Dank des Entgegenkommens des Bauherrn konnte der Originalbefund in einem verglasten Schauraum weitgehend unangetastet bleiben. In einer Ecke bildete man ca. 1 m² Hypokaustenanlage mit Fußbodenplatten und Estrich nach. Die gemalte Gliederung der beiden darüber liegenden geschlossenen Wände orientierte sich sowohl in der Farbgebung als auch gestalterisch an römischen Befunden aus Regensburg. Ein auf einem Speisesofa liegender Mann, eine Katze sowie einige römische Gefäße, die vom Regensburger Kunstmaler G. Prechtl der Raumbemalung hinzugefügt wurden, erhöhen die Anschaulichkeit des Ensembles.

Grabungssituation im Velodrom

Die bei der Grabung erfassten Baureste gehören dem **bisher größten bekannten Gebäude der Lagervorstadt** an. Es war bereits 1976 beim Bau einer Tiefgarage erfasst worden und erstreckt sich vornehmlich nördlich und östlich des Velodroms.

Der in Ost-West-Richtung orientierte Baukörper besaß eine Breite von 35 m und eine Mindestlänge von ca. 75 m, wobei allerdings weder die östliche noch die westliche Begrenzung des Komplexes erreicht wurde. Eine ganze Anzahl fußbodenbeheizter Räume scheinen sich um einen ca. 18 m langen und 7 m breiten Innenhof gruppiert zu haben. In diesem Garten fand man das Fundament einer Nischenarchitektur, die man sich möglicherweise als Brunnengrotte *(nymphaeum)* gestaltet vorstellen darf. Ein zweiter Hof wies ebenfalls ein Wasserbecken auf. Eventuell handelt es sich bei diesem Teil des Gebäudekomplexes um eine Badeanlage. Der unter dem Velodrom aufgedeckte Befund war Teil eines fußbodenbeheizten Saales mit ca. 200 m² Grundfläche. Das ganze Gebäude scheint Ende des 2. und im 3. Jh., also in der Blütezeit des Regensburger Lagers, genutzt und dann zerstört worden zu sein. Im Schutt fand sich eine größere Menge

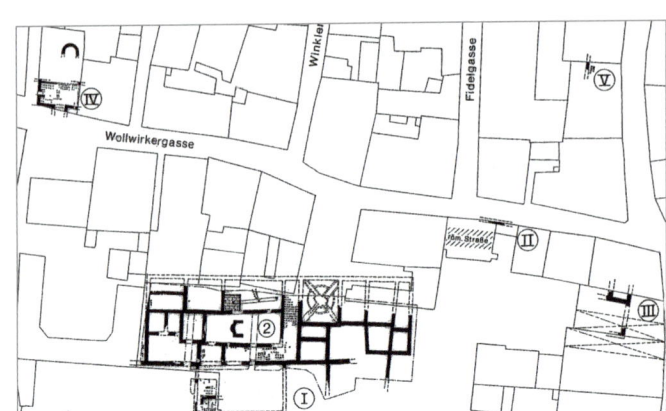

Plan des Stadthauses (insula) *westlich des Arnulfsplatzes*

Ziegel, die mit dem Stempel der Regensburger Legion markiert waren. Ob es sich deshalb bei der Anlage wirklich um ein offizielles Gebäude gehandelt hat oder ob wir nur ein sicherlich sehr repräsentatives privates Stadthaus vor uns haben, muss offen bleiben.

Canabae legionis – Die Zivilsiedlung

Fragmente eines Freskos in den Räumlichkeiten des Gesundheitsdienstes der Regierung der Oberpfalz, Auergasse 10. Besichtigung nach Anmeldung, Tel. 0941/568-0

Von der Bebauung der Vorstadt des Regensburger Legionslagers sind obertägig keine Spuren erhalten. Hinweise auf die *canabae* finden sich jedoch immer wieder bei Baumaßnahmen zwischen Donau und Alleengürtel. Die römische Bebauung war zumindest zum Teil in regelmäßige Blöcke eingeteilt. Diese rechteckigen, auf allen Seiten von Straßen umfassten Quartiere bezeichneten die Römer als *insulae*. Sie beherbergten mehrere gewerbliche Einrichtungen aller Art oder eben auch große, die gesamte *insula* umfassende Wohneinheiten. Neben solchen

Römische Hausreste unter dem Bismarckplatz an der Stelle der heutigen Tiefgarage

großflächigen Komplexen existierten in den *canabae legionis* allerdings auch noch kleinere Baueinheiten vom Typus Streifenhäuser, wie man sie etwa im Bereich Bismarckplatz bei den Grabungen Ende der 70er-Jahre oder jüngst im Osten am und um den Donaumarkt freilegte.

Auch sie wiesen mit Heizungen und bemalten Innenwänden durchaus einen gehobenen Standard auf. Reste von farbigem Verputz lassen eine geometrische bzw. florale Dekoration der Zimmerwände in den Wohnhäusern erschließen. Den zumindest teilweise doch recht gehobenen Wohnstandard zeigen Putzfragmente in einem Steinbau im Süden der *canabae*. Hier fanden sich auf einer 0,6 x 0,8 m großen Wandfläche, die *in situ* mit der Schauseite nach oben im Abbruchschutt eines Hauses lag, zahlreiche Teile des Verputzes. Sie konnten zu einer **figürlichen Wandmalerei** ergänzt werden. Die Szene zeigt einen römischen Wagenlenker auf seinem Wagen. Die rot-, blau- und grüntonigen Fresken waren als Secco-Malerei auf einem gekalkten Putz aufgetragen worden. Die gut erhalten Fragmente finden sich in einer Vitrine im Gesundheitsdienst der Regierung der Oberpfalz (**Auergasse 10**) ⑮ öffentlich präsentiert.

Die Straßen der Legionscanabae waren geschottert und zumin-

Regensburg-Auergasse. – Oben: figürliche Wandmalerei bei der Auffindung; unten: Rekonstruktion des Wagenlenkers

dest teilweise mit gedeckten Kanälen aus Steinplatten versehen. Insgesamt dürfte diese Siedlung wohl alles besessen haben, was zu einer Stadt gehörte, wenngleich offizielle Gebäude, ein Marktplatz u. ä. bisher noch nicht entdeckt werden konnten. Die Gesamtausdehnung der zivilen Lagervorstadt kann nur grob angegeben werden. Im Norden durch die Donau begrenzt, zog sie sich im Süden wie ein Gürtel um das Legionslager herum. Insgesamt erreichte sie ziemlich genau die Ausdehnung der mittelalterlichen Stadt nach der zweiten Stadterweiterung im 14. Jh. Die Schwerpunkte der Siedlung lagen im Westen und im Osten des Legionslagers. Die am weitesten im Westen gelegenen Spuren römischer Bebauung fanden sich bisher am Nonnenplatz und Am Singrün. Im Süden markierte sicherlich das Gräberfeld die Siedlungsgrenze, die wohl auf der Linie der heutigen Margaretenstraße verlief. In einem Bogen schwang dann die flächige Bebauung bis zum Villapark im Osten. Wie die Befunde zeigen, reichten die Häuser der Zivilsiedlung überall sehr nahe an die Lagerbefestigung heran.

Die *canabae* hatten bereits einen Vorläufer, nämlich die Ende des 1. Jhs. gleichzeitig mit dem Kumpfmühler Militärlager entstandene Donausiedlung (s. S. 20ff.). Das langgezogene Dorf, das wohl im Bereich Bismarckplatz begann, scheint größere Ausmaße erreicht zu haben, denn auch bei der Velodromgrabung entdeckte man seine Spuren. Unterhalb des legionslagerzeitlichen Gebäudes fanden sich nämlich Reste einer älteren Holzbebauung aus der Zeit Ende des 1. bis Mitte des 2. Jhs.

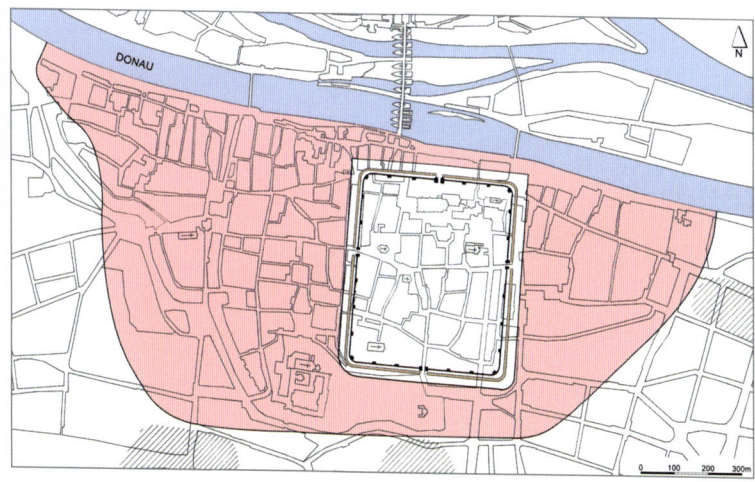

Die Ausdehnung der **canabae** *westlich des Legionslagers nach bisherigen Befunden*

AUSSERHALB DER ALTSTADT REGENSBURGS

Auch außerhalb des Lagers finden sich zahlreiche Spuren römischer Besiedlung: In Großprüfening zeugen die Ruinen eines Gewerbebetriebs von der Existenz eines Dorfes und eines Kleinkastells. Die Grundrisse einer der vielen *villae rusticae* sind in Burgweinting durch unterschiedliche Bepflanzung erfahrbar und begehbar.

Blick in das Innere des Museumspavillons. – Im Hintergrund links der Brunnen, rechts das Wasserbecken. Vorne erkennt man den in den Boden eingetieften Heizraum mit rekonstruiertem Holzgeländer

⓰ Ein römischer Gewerbebetrieb in Regensburg-Großprüfening Der Museumspavillon am Kornweg (zwischen Haus Nr. 24 und 26)

Schon seit Beginn unseres Jahrhunderts war die Lokalforschung durch Funde immer wieder auf Spuren der Römer im Nordwesten der Stadt (Stadtteil Regensburg-Großprüfening) gegenüber der heutigen Naabmündung aufmerksam geworden.

Besichtigung von außen jederzeit möglich. Führungen nach Anmeldung über das Historische Museum, Tel. 0941/507-2442.

1978 entdeckte man schließlich bei Bauarbeiten eine **römische Siedlung**. Das Dorf *(vicus)* entstand – gleichzeitig mit dem Legionslager – im Schutz eines kleinen Militärpostens, der einen wichtigen Verkehrsweg nach Mitteldeutschland bewachte. Auf einer Länge von etwa 800 m und ca. 200 m Breite hatten sich hier u. a. verschiedene Handwerker niedergelassen.

Das durch Luftbildarchäologie und Magnetometerprospektion nachgewiesene und nur zum Teil ergrabene Kleinkastell war eine zweiphasige Anlage von 60 x 80 m Größe mit Ecktürmen, zwei Toren und einem vorgelagerten Spitzgraben. Die Wehrmauer bestand aus Bruchsteinen, war nur ca. 1 m dick und wies die außerordentliche Höhe von 8–9 m auf, wie man anhand eines Mauerstücks, das nach außen in den Graben gekippt war und so weitgehend erhalten blieb, feststellen konnte. Auf der Innenseite der Mauer verlief auf einer Holzkonstruktion ein Wehrgang.

Als Besatzung kann man sich bis zu zwei Zenturien (ca. 160 Mann) vorstellen, Angehörige der Legion, die für einen begrenzten Zeitraum als Wachsoldaten von der Hauptruppe abkommandiert waren. Nachdem das kleine Lager wahrscheinlich nach einer Zerstörung im letzten Viertel des 3. Jhs. aufgelassen worden war, wurde zu einem nicht näher bestimmbaren Zeitpunkt eine verkleinerte Wehranlage in seine Nordecke eingebaut. Dieses Binnenkastell sicherte im 4. Jh. das sich nach Nordwesten öffnende Tal der Naab.

Die Militäranlage wie auch den größten Teil der Siedlung bedeckte man nach der wissenschaftlichen Grabung wieder mit Erdreich.

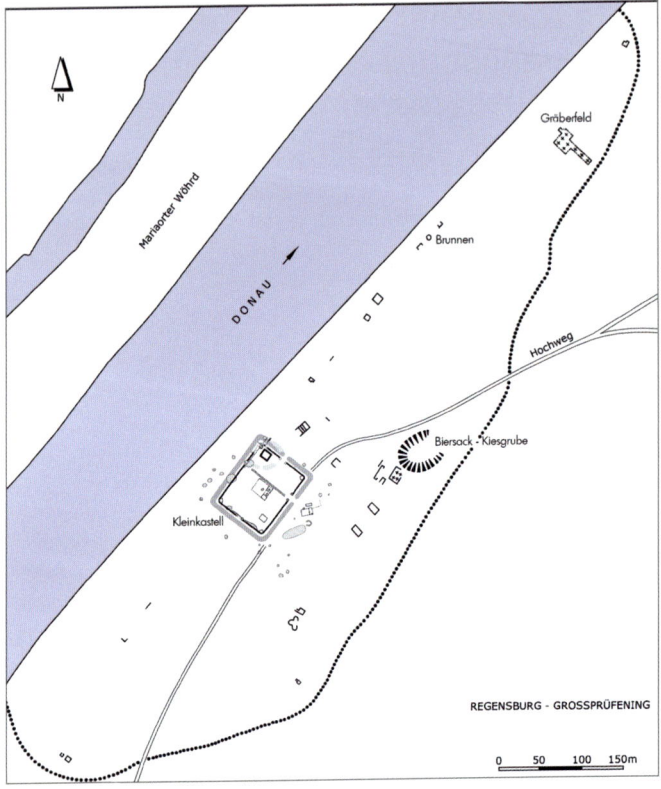

Plan des Kastells, des Lagerdorfes (vicus) *und des Gräberfeldes von Regensburg-Großprüfening*

Nur die **Ruinen eines Gewerbebetriebs** am Ostrand der Siedlung wurden unter einem Holz-Glas-Pavillon restauriert und zu einem kleinen Museum ausgebaut. Das 8 x 13 m große, in seinen Grundmauern erhaltene Gebäude ist besonders interessant, weist das Haus doch alle Einrichtungen auf, die zur **Bierherstellung** nötig sind: eine Darre zum Rösten des Grünmalzes, einen Brunnen für das Brauwasser, ein Becken zum Weichen des Getreides bis zur Keimung und eine Feuerstelle zur Erwärmung der Maische und des Biersudes.

Die Römer hielten von Bier nicht sehr viel. Sie bezeichneten es abfällig als übel riechendes „gewässertes Getreide" der Barbaren. Ihr Getränk war der Wein. Da jedoch in der römischen Armee auch Angehörige anderer Volksstämme dienten und außerdem germanische Siedler hier ansässig waren, könnte die Bierherstellung durchaus lohnenswert gewesen sein.

Was in dem Gebäude allerdings wirklich produziert oder zumindest bearbeitet wurde, lässt sich leider nicht mehr zweifelsfrei feststellen. Falls es sich jedoch wirklich um eine Brauerei gehandelt haben sollte, wäre dies der bisher einzige Fund einer solchen Anlage aus der Römerzeit.

Die aufgedeckten und teilrekonstruierten Überreste können von einem erhöhten Umgang aus betrachtet werden, wobei Schautafeln erläuternde Hinweise geben. Deutlich ist die gemauerte Darre erkennbar, eine Anlage zum Trocknen oder Dörren tierischer und pflanzlicher Produkte. Eine hölzerne Treppe, deren Spuren vergangen sind, führte in einen vorgelagerten, im Boden eingetieften Heizraum, der evtl. durch ein Holzdach geschützt war. Hier entzündete man ein Feuer. Die dadurch erwärmte Luft heizte dann über einen Ringkanal bzw. später über mehrere Schächte von unten den Boden der Trockenkammer. Kamine aus Hohlziegel *(tubuli)* in den Wandecken sorgten für den notwendigen Zug. Neben dem Abgang zur Heizkammer blieb eine aus vier Ziegelplatten bestehende Arbeitsfläche erhalten. Sie lag vor dem wahrscheinlich ebenfalls aus Ziegeln gebildeten **Ofen**. In eine der Ecken des Gebäudes hatten die Bewohner ein **Wasserbecken** gemauert. Um das Bassin abzudichten, kleidete man es mit einer 5 cm dicken Mörtelschicht aus Ziegelsplit aus. Das notwendige Nass lieferte ein **Brunnen**, dessen Schacht 8 m in die Tiefe führte; seine ursprüngliche Holzverschalung ist der Zeit zum Opfer gefallen.

Der Blütezeit des Gewerbebetriebs in der ersten Hälfte des 3. Jhs. wurde durch die Einfälle der Alamannen ein jähes und gewaltsames Ende gesetzt. Zusammen mit dem Militärposten ging auch das kleine Dorf an den ersten Wehen der kommenden Völkerwanderung zu Grunde. Die Bewohner – falls sie ihr Leben retten konnten – flüchteten sich in den Schutz des wehrhaften Legionslagers *Castra Regina*. Nur mehr ein kleiner Wachtposten sicherte in der Folgezeit das sich nach Nordwesten öffnende Tal der Naab.

⓱ „Blühende" Vergangenheit
Villae rusticae in Regensburg-Burgweinting

Mit der Anlage des Legionslagers am Donaubogen in den 70er-Jahren des 2. Jhs. n. Chr. wurde auch das Umland von den Römern verstärkt aufgesiedelt. Gerade die sich im Osten entlang der Donau hinziehende Ebene mit ihren fruchtbaren Böden bot Platz für zahlreiche Bauernhöfe. Die zu einer *villa rustica* gehörenden Wirtschaftsflächen waren bis zu 120 ha groß und umfassten sowohl Ackerland als auch Weiden.

Ein nicht selten nach mediterranem Vorbild gestaltetes, gemauertes Haupthaus, in dem die Eigentümer- oder Pächterfamilie lebte, war umgeben von unterschiedlichsten Wohn- und Nutzgebäuden, meist in Holz-Fachwerkbauweise errichtet. Brunnen sicherten die Wasserversorgung der Gutsbewohner, und manchmal sorgte eine Thermenanlage für einen gewissen Luxus in der Lebensführung. Außerhalb der Ummauerung des Gutshofes fand sich meist auch noch ein kleines Gräberfeld für die Totenruhe der verstorbenen Bewohner. Lehmgrube und Ziegelofen verstärkten die Autarkie der Landbevölkerung.

Zahlreiche solcher Gehöfte sind im Regensburger Raum inzwischen vor allem durch die Flüge der Luftbildarchäologen entdeckt worden.

Wie dicht diese Höfe teilweise nebeneinander liegen konnten, zeigt sich am Beispiel von Regensburg-Burgweinting im Osten der Stadt. In einer siedlungsgünstigen Lage nahe des Aubachs inmitten fruchtbarer Lössböden existierten einst auf engstem Raum mindestens fünf *villae rusticae*, die zwar nicht alle gleichzeitig, aber sich zumindest teilweise zeitlich überlappend bewohnt und bewirtschaftet wurden. Die Qualität des Ortes wird daran erkennbar, dass die Archäologen hier außer den römischen Spuren Hinweise auf menschliche Anwesenheit von der Jungsteinzeit an (Schnurkeramiker und Glockenbecherleute, 3. Jt. v. Chr.) über die Bronzezeit (2100–850 v. Chr.), die Zeit der Kelten bis hin zu den Baiuvaren (6./7. Jh. n. Chr.) entdeckten.

Am Südrand des Neubaugebietes, direkt an den Aubach angrenzend, blieb die Fläche einer **villa rustica** von den Baumaßnahmen ausgespart. Der Grundriss soll weiterhin als römi-

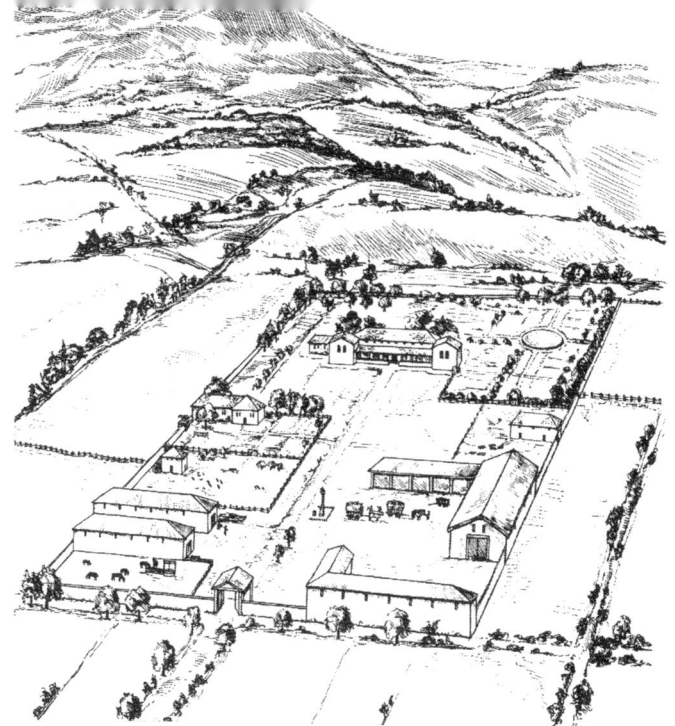

Idealrekonstruktion eines römischen Gutshofes

sches Denkmal erhalten werden und auch erkennbar sein. Dazu wählte man allerdings einen etwas ungewöhnlichen Weg, denn von der *villa rustica* selbst sind oberirdisch keine Spuren erkennbar, obwohl sie bereits zwischen 1911 und 1916 entdeckt und z. T. ergraben worden war. Nach einer exakten Planaufnahme des Gutshofareals mithilfe von Luftbildarchäologie, traditioneller Grabung und modernsten naturwissenschaftlichen Messverfahren bepflanzte man im Jahr 2000 erstmals die Gebäudegrundrisse mit unterschiedlichen Nutzpflanzen, sodass die verschiedenen Bestandteile des Bauernhofes in blühender bzw. grünender Form aus dem Boden sprießen und sichtbar werden. Durchzogen von Wegen, können Besucher den ehemaligen Gutshof sogar begehen.

Das Anwesen (Vgl. Abb. S. 103) ist umgeben von einer trapezförmigen Umfassungsmauer von insgesamt 402 m Länge. Neben kleineren Zugängen im West-, Ost- und Nordbereich weist die Anlage im Süden ein knapp 3 m breites Haupttor auf. Das Hauptwohngebäude [1] im nördlichen Teil des Hofes hatte

Standorte der römischen Villen

eine Grundfläche von 35 x 17 m. Der Westfassade war ein Laubengang vorgelagert. Zwei Wohnräume konnten mittels Fußbodenheizung erwärmt werden. Über einen schrägen Kellerabgang erreichte man einen Raum mit Wandnischen zum Aufbewahren der Vorräte bzw. zum Abstellen der Lampen. Nahe dem Hauptgebäude fand sich ein Brunnen. Bei einem weiteren Gebäudekomplex direkt an der Umfassungsmauer im Südost-Bereich handelte es sich möglicherweise ebenfalls um ein Wohngebäude [2]. Mehrere Räume, darunter ein Keller und eine Küche mit gemauertem Herd, gruppierten sich um einen Innenhof. Westlich davon lag ein weiteres Gebäude mit teilweise erhaltenem Ziegelpflaster und Hypokaustenheizung [3]. Im südöstlichen Eck des Anwesens entdeckte man ein kleines Haus mit Ziegelfußboden [4]. Bei den restlichen Bauten unterschiedlicher Größe [5–11], die verstreut innerhalb des ummauerten Hofes lagen, handelte es sich wohl um Wirtschaftsgebäude, deren Funktion wir im Einzelnen nicht kennen. Den Funden nach zu urteilen, war

Plan der Villa 1

die *villa* vom späten 2. bis zum 4. Jh. bewohnt, sie datiert also in die Zeit des Regensburger Legionslagers. Ähnlich dürften auch die anderen *villae* strukturiert gewesen sein.

Vor allem erstaunt die Vielzahl der pro Bauernhof entdeckten Brunnen. In den feuchten Brunnenschächten haben sich die Holzfassungen (gezimmerte Brunnenkästen oder mehrere übereinander gestapelte Fässer) in hervorragender Weise erhalten. Sogar noch in den Schächten aufrecht stehende, weitgehend intakte Holzleitern konnten von den Archäologen geborgen werden.

Die Befunde der Gutshöfe wurden von den Wissenschaftlern aufgenommen, die Funde gesichert; letztere werden nun in mehreren Forschungsprojekten ausgewertet, so dass wir in ein paar Jahren ein breites Wissen über die römische Agrarlandschaft von Burgweinting haben werden. Ackerbau, Viehzucht, Ernährung, Lebensweise der Menschen, all das wird sich dem Interessierten erschließen. Die Überreste im Boden allerdings werden verschwunden und überbaut sein.

RÖMISCHEN ALLTAG ERLEBEN

Eine ideale Ergänzung der Spaziergänge: die Abteilung „Römerzeit" im Historischen Museum. Eingebettet in die allgemeine römische Geschichte und Kultur, veranschaulicht sie die verschiedenen Lebensbereiche der Bewohner des Donaubogens vom 1. bis zum 5. Jh. n. Chr.

Die römerzeitliche Abteilung im Historischen Museum

Zahlreiche Pläne, Zeichnungen, Modelle sowie Textbeiträge ergänzen die Aussagekraft der in der römerzeitlichen Abteilung des Historischen Museums präsentierten Funde. Durch die thematisch/chronologische Gliederung der Abteilung erhält man sowohl Aufschluss über das Leben der Soldaten und Zivilisten in „Klein-Rom an der Donau" als auch über den historischen Entwicklungsprozess der Siedlungsagglomeration.

> Dachauplatz 2–4,
> Öffnungszeiten:
> Di–So, 10–16 Uhr,
> Tel. 0941/507-2448

Im ersten Raum *(Römische Lager in Regensburg)* erhält der Besucher Einblick in die militärische Komponente des Lebens am Donaubogen. Angefangen beim Bau des Kastells Regensburg-Kumpfmühl erstreckt sich der Themenbogen chronologisch bis zum Legionslager mit seinen Zerstörungen im 3. und 4. Jh. und dem darauf folgenden Ausklang der Römerzeit. Als herausragendes Fundstück kann man hier die 1873 in den Fundamenten der *porta principalis dextra* (s. S. 69f.) entdeckten Teile einer **Lagertorinschrift** bewundern. Anlässlich der Einweihung des Lagers hatte der Kommandeur der Truppe möglicherweise über allen Eingangstoren des Lagers derartige Inschriftentafeln anbringen lassen. Die aufgefundene Tafel hing wahrscheinlich über dem Osttor, sie war ursprünglich 8,10 m lang, zwei Fragmente des Mittelstücks (3,2 m) sind erhalten geblieben. Aus dem Inschriftentext (s. S. 26) kann das Jahr der Einweihung des Kastells erschlossen werden, in unserer Zeitrechnung 179 n. Chr. Dieses Jahr datiert auch gleichsam den Beginn der Regensburger Stadtentwicklung. Gleich neben der Inschriftentafel gibt ein **Modell** der im Bau befindlichen **Nordmauer** des Legionslagers mit der **Porta Praetoria** Einblick in die vielfältigen und mühevollen Tätigkeiten bei der Errichtung der massiven Befestigungsanlage (s. S. 62ff.).

Der anschließende Raum ist der *Religion* gewidmet, wobei hier durch die Funde aus dem **Merkurheiligtum** auf dem Ziegetsberg (Statuen, Altäre, Weiheinschriften) die Verschmelzung römischer und einheimischer Religionsvorstellungen im wohl wichtigsten öffentlichen Kult unseres Gebietes deutlich werden.

Modell eines römischen Hauses (Hist. Mus.)

105

Neben den Zeugnissen zu Merkur spannt ein nachempfundenes kleines **Hausheiligtum** (*lararium*) mit seinen vielen Götterfigürchen den weiten Bogen römischen Glaubens und Aberglaubens.

Der nächste Raum dokumentiert durch vielfältige Funde die reiche Palette an *Handwerken*, die in der Lagervorstadt, aber auch in den umliegenden Bauernhöfen ausgeübt wurden. Außerdem findet sich hier das **Fragment eines Meilensteins**, auf dem die älteste Namensbezeichnung für das Regensburger Legionslager zu lesen ist: *legio*. Damit war der Siedlungsschwerpunkt im Donaubogen in einem weiten Umkreis eindeutig gekennzeichnet, fanden sich doch die nächsten vergleichbaren Legionslager erst in einer Entfernung von mehreren Hundert Kilometern.

Im Raum zum Themenfeld *Handel und Wirtschaft* lassen **Austernschalen** vom Atlantik, gläserne **Parfumflakons** aus dem Vorderen Orient u. v. m. – ausgestellte Funde aus dem Regensburger Boden – die weit reichenden Handels- und Wirtschaftsbeziehungen eines Weltreiches deutlich werden, das sich von Britannien im Norden bis zum afrikanischen Atlasgebirge und von den Küsten Portugals bis nach Arabien erstreckte, durchzogen von mehr als 100 000 km künstlich angelegter Straßen. Außerdem zeigt eine Auswahl **römischer Münzen**, dass die-

Bronzene Merkur-Statuette, gefunden am Neupfarrplatz (Hist. Mus.)

ses Reich auch als Währungsunion eine bisher nicht wieder erreichte Größe umfasste.

Unter Verwendung verschiedener Befunde aus der Regensburger Zivilsiedlung entstand in einem weiteren Raum zum Thema *Häusliches Leben* die Nachbildung von **Wohnraum und Küche eines römischen Hauses**. Fußboden-Warmluft-Heizung und die mit pflanzlichem Dekor bemalten Wände lassen ein klein wenig Luxus erahnen.

Einen Raum weiter wird der *private und öffentliche Alltag* zum Thema. Von **Frauenschmuck und Kosmetikartikeln** über **Würfel** und **Spielsteine** bis zu den bemerkenswerten Resten einer **Panflöte** reichen die ausgestellten Fundstücke. Zwei so genannte **Augenarztstempel** verdienen besondere Aufmerksamkeit: Mit ihrer Hilfe drückten die Mediziner Informationen über Medikation und Wirkung der von ihnen zubereiteten und verordneten Salben in die in Platten- oder Blockform gehandelten Heilmittel.

In Teilen des ehemaligen mittelalterlichen Kreuzganges des Minoritenklosters haben vor allem die steinernen Überreste der römischen *Grabkultur* ihren Platz. Angefangen mit der einfachen, schmucklosen **Tonurne** bis hin zu Fragmenten eines mehrere Meter hohen **Pfeilergrabs** wird die Vielfalt im Totenbrauchtum demonstriert. Sowohl durch den Text als auch durch ihre bildlichen Darstellungen geben uns viele der (Familien-)Grabsteine interessante Einblicke in den privaten Alltag der Provinzbevölkerung. Veränderungen der Kleidermode lassen sich an den Reliefs genauso ablesen wie die persönliche Gefühlswelt der Verstorbenen bzw. ihrer Angehörigen von den Inschriften. Mit dem **Grabstein der Sarmann(in)a** (s. S. 47), dem ältesten bekannten christlichen Grabdenkmal Bayerns (5./evtl. 6. Jh. n. Chr.), dokumentiert sich dann der neue Glaube auch an der Donau. Dieser Fund stellt ein Verbindungsglied in das frühe Mittelalter dar – eine für Regensburg ebenfalls sehr interessante Epoche – und findet sich daher auch am Beginn der Mittelalterabteilung im Südflügel des Kreuzgangs.

Literatur

Aumüller, Thomas, Die Porta Praetoria und die Befestigung des Legionslager in Regensburg (Diss. TU München 2002) [http://mediatum.ub. tum.de?id=601014].

Boos, Andreas, Dallmeier, Lutz-Michael, Overbeck, Bernhard, Der römische Schatz von Regensburg-Kumpfmühl, Regensburg 2000.

Codreanu-Windauer, Silvia, Reuter Stefan, Römer vor der Haustür – Die römische Zivilsiedlung im Osten Regensburgs, Das Archäologische Jahr in Bayern 2007 (2008), 69f.

Codreanu-Windauer, Silvia, Waldherr, Gerhard, Neues zum römischen Regensburg. Archäologische Forschungen 1995-2002, in: Visy, Zoltan (Hg.), Limes XIX. Proceedings of the XIXth International Congress of Roman Frontier Studies, Pécs 2003, Pécs 2005, 631-642.

Codreanu-Windauer, Silvia, Dallmeier, Lutz-Michael, Schmidt, Marianne, Die Ausgrabungen im Regensburger Velodrom, Denkmalpflege in Regensburg 7, 1997/98 (2000), 104–111.

Dallmeier, Lutz-Michael, Fundort Regensburg, Regensburg 2000.

Dietz, Karlheinz, Fischer, Thomas, Die Römer in Regensburg, Regensburg 1996.

Fischer, Thomas, Riedmeier-Fischer, Erika, Der römische Limes in Bayern, Regensburg 2008.

Fischer, Thomas, Die Armee der Caesaren. Archäologie und Geschichte, Regensburg ² 2014.

Ders., Regensburg, in: *Czysz, Wolfgang u.a.,* Die Römer in Bayern, Stuttgart 1995, 503–508.

Haas-Gebhard, Brigitte, Die Baiuvaren. Archäologie und Geschichte, Regensburg 2013.

Kaletsch, Hans, Joseph Dahlem – Pfarrer und Altertumsfreund, in: *Dietz, Karlheinz, Waldherr, Gerhard* (Hgg.), Berühmte Regensburger, Regensburg 1997, 269–278.

Konrad, Michaela, Castra Regina – Das Lager der legio III Italica in Regensburg. Kontinuitätsformen im Legionslager, in den canabae legionis und im Umland, in: Konrad, Michaela, Witschel, Christian (Hgg.), Römische Legionslager in den Rhein- und Donauprovinzen – Nuclei soätantik-frühmittelalterlichen Lebens?, München 2011, 371–407.

Dies., Die Ausgrabungen unter dem Niedermünster zu Regensburg II, München 2005.

Kraus, Andreas, Bernhard Stark – Benediktinermönch, Ausgräber und Konservator am Königlichen Antiquarium, in: *Dietz, Karlheinz, Waldherr, Gerhard* (Hgg.), Berühmte Regensburger, Regensburg 1997, 208–216.

Sandbichler, Stefan, Neue Untersuchungen im mittelkaiserzeitlichen Militärlager Regensburg-Kumpfmühl, Bayerische Vorgeschichtsblätter 74, 2009, 39–130.

Waldherr, Gerhard, Das römische Regensburg und sein Umland, in: *Bonk, Sigmund, Schmid, Peter* (Hgg.), Bayern unter den Römern, Regensburg 2009, 183–211.

Ders., Der Limes, Stuttgart 2009.

Ders., Der Umgang mit der römischen Vergangenheit am Beispiel Regensburg, in: *Paulus, Helmut-Eberhard u. a.* (Hgg.), Regensburg im Licht seines geschichtlichen Selbstverständnisses (Regensburger Herbstsymposion zur Kunstgeschichte und Denkmalpflege Bd.3), Regensburg 1997, 24–38.

Ders., Denkmalverlust heißt Geschichtsverlust, in: Denkmalpflege in Regensburg 5, 1995 (1997), 44–50.

Wintergerst, Eleonore, document Niedermünster. Römer, Herzöge und Heilige (Schnell und Steiner, Kunstführer 2805), Regensburg 2012.

Berichte über aktuelle Grabungen finden sich in den Bänden Denkmalpflege in Regensburg, hg. v. d. *Stadt Regensburg. Amt für Archiv und Denkmalpflege.*

Grabungsnotizen und -berichte in: Verhandlungen des Historischen Vereins für Oberpfalz und Regensburg, hg. vom *Historischen Verein für Oberpfalz und Regensburg.*

Bildnachweis

Bayern, Regensburg 2008: 43
Peter Ferstl, Stadt Regensburg: 61, 65, 77, 89, 91
Rudi Röhrl: 18, 19, 21, 36, 38, 62, 63, 81, 92, 95, 98, 103
Verhandlungen des Historischen Vereins für Oberpfalz und Regensburg
54, 1902: 84
Verlag Konrad Theiss, Stuttgart: 12
Verlagsarchiv: 40
Wolfgang Wiehe: 72

Register

DIE ROUTEN

ROUTE 1

1 Ernst-Reuter-Platz

2 D.-Martin-Luther-Straße

3 Am Königshof

4 Dachauplatz, document Legionslagermauer

5 Dachauplatz, Historisches Museum

6 Adolph-Kolping-Straße

7 St.-Georgen-Platz

8 Porta Praetoria

ROUTE 2

9 Niedermünster

10 Alter Kornmarkt

11 Salzburger Gasse

12 Neupfarrplatz

13 document Neupfarrplatz

ROUTE 3

14 Velodrom

15 Auergasse

Außerhalb der Altstadt Regensburgs

16 Regensburg-Großprüfening (Kornweg)

17 Regensburg-Burgweinting (Islinger Weg)

Römischen Alltag erleben –
Die römerzeitliche Abteilung im Historischen Museum

🏛 Historisches Museum